世界は利権で動いている

島田洋一
Yoichi Shimada

帯写真　星亘
構　成　岡田光雄・大根田康介

目次

第4章 「米国」を蝕むディープステート

本書は、２０２５年２月末までの情報に基づき執筆されています。

はじめに　国際政治の「利権学」

世界は「利権」で動いている。それは一つの国の内部で激しいせめぎ合いを生み、国家間の闘争やテロ勢力との戦いなどにも絡む。

ひと口に利権と言っても中身は様々で、天然資源や漁場をめぐる「領土利権」から、脱炭素を旗印に太陽光・風力発電の特別優遇、補助金拡大を求める「再生可能エネルギー（再エネ）利権」、常に増税、天下り先確保を狙う財務省に代表される「官僚利権」、信者獲得をめぐる「宗教利権」に至るまで枚挙にいとまがない。

石破首相の「戦後80年談話」が取りざたされる中、「北朝鮮開発利権」などと結びつく歴史認識の問題も新たな重要性を帯びている。拉致問題の解決や対中外交にも関わってくる。本書で詳しく取り上げたテーマの一つである。

トランプ政権発足を受け、米国で急速に進む「ディープステートとの戦い」にも焦点を当てた。これは保守派主導の「常識への回帰」であり、日本にとっても参考にすべき点が多々ある。

本書のタイトル『世界は利権で動いている』は、より正確には「世界はイデオロギー（観念形態）の衣をまとった利権で動いている」と表すべきものである。

利権のみを露骨に優先して、主張を打ち出す集団は世論を動かせない。そこで彼らは、美辞麗句に彩られたイデオロギーを高く掲げる。いわく地球環境保全、いわく財政健全化、いわくLGBT（性的少数者）差別の排除…。

イデオロギーは時に、集団の利権に反するかたちで「突っ走る」こともある。しかしそうした「純粋分子」たちは遠からず集団内部で粛清される。でなければその集団は影響力を得ることができず、消え去っていく。

マスコミを賑わすコメンテーターたちは、とかくイデオロギーで世界の「潮流」を説明し、「バスに乗り遅れるな」的な論を展開しがちである。政治家も例外ではない。しかし多くの場合、それらは危険な欺瞞であり、人々を間違った方向に誘導する。特定の勢力は利権を得ても、国全体としては衰退に向かうことになる。

国際的な政治闘争においても、かつて究極の「平等」イデオロギー共産主義が世界を席巻し、インテリたちを「自由の抑圧」という倒錯に導いたが、常に背後で事を動かしたのは「司令塔」たるソ連共産党の利権であった。

左翼陣営内部で、これに最も強く反発したのが中国共産党であり、やがて抜き差しならぬ中ソ対立へと発展した。1970年代の米国外交を担った一人、ヘンリー・キッシンジャー米国務長官は、ソ連から「米ソ共同での対中核攻撃」を持ち掛けられたと証言している。時は移り、いまは中国共産党のあくなき利権追求が、自由世界にとって最大の脅威となっている。

筆者は長く大学に籍を置き、研究者の立場で国際政治を見てきたが、2024年10月の総選挙に日本保守党から出て当選、衆議院議員となり、イデオロギーと利権が絡み合う政治の「空気」を肌で感じる身となった。

表のイデオロギーと裏の利権は、文字通り表裏一体で動く。「裏の世界」というべき利権構造を掘り下げることで、現代世界はよりよく理解できる。本書がその一助となれば幸いである。なお以下、敬称は全て略した。

第1章

戦争と「歴史利権」――こう反論せよ

「社会主義対ナチズム」の裏にある利権構造

まず、戦争や革命、およびその解釈をめぐる「歴史利権」について見ていきたい。多くの悲惨な戦争や弾圧を生んできた共産主義とファシズムが格好の検討材料となる。

戦後日本は、背後にある利権に気付かず、この二つのイデオロギーに相当程度「カモ」にされてきた。

資本主義・市場経済の弊害を正し、より平等で公正な社会を目指すとした「社会主義」は、かつてインテリの間で最も影響力を持つはやりのイデオロギーだった。社会主義のうち、最も中央統制的で反自由主義的なかたちが、財産の私有を許さずに「共同体」が所有・管理して貧富の差をなくすと称する共産主義で、このイデオロギーを掲げて権力を握った代表例がソ連である。

ソ連共産党は、「世界革命に利他的に奉仕する前衛にして司令塔」と自らを規定したが、実態はソ連共産党幹部、特に中核集団である政治局（ポリトビュロー）の利権を最大化することを目的とした組織であった。ソ連は武力や謀略によって支配地域を拡大し、ウクライナやジョージア、東欧各国などを次々と掌中に収めていった。抵抗する者は「反革命」

の烙印を押され、収容所で非人間的な奴隷労働に従事させられるか処刑された。

一方、1929年に始まった世界恐慌を受けて1933年、米国で発足したフランクリン・ルーズベルト政権（民主党）は、共産主義と強い親和性を有していた。この政権の中枢には、ソ連のシンパやあからさまなスパイが多数いた。

ヴェノナ・プロジェクトに関する文書の公開（1995年）により、ルーズベルトの経済顧問ロークリン・カリーや財務省ナンバー2のハリー・デクスター・ホワイトなどがソ連のエージェントというほかない存在であったことが明らかになった。ヴェノナ・プロジェクトとは、ソ連情報機関の暗号電文を傍受し解読する事業で、第二次世界大戦中に米陸軍の特別チームが始め、その後、国家情報局に引き継がれた。

こうした状況下、ルーズベルト政権は、日米対立の深化を重要な戦略目標としたコミンテルン（ソ連共産党傘下の国際ネットワーク）の浸透を深く受けていた。米政府のみならず、米国のメディアやキリスト教系の政治団体も、米国共産党による「内部穿孔《せんこう》工作」により、時を追うごとに親中反日の度を増していった。

これら諸機関は意図的に、あるいは結果として、ソ連共産党の利権に奉仕し、日本の利益を侵食していった。日本側も、この動きに戦略的に対処したとは言えなかった。

今日、日米の保守派は、同じ轍を踏まぬよう、しっかり「内なる敵」を見定めるとともに、相手国内の「真に連携しうる友人」を見極め、臨機に利害関係を調整していかねばならない。ルーズベルト時代の米国にも、ハーバート・フーヴァー元大統領やロバート・タフト上院議員といった政界有力者を筆頭に「強い日本」を支持する政治勢力はあった。米国が全体として日本の不倶戴天《ふぐたいてん》の敵であったかのように描く「日米対立史観」は事実に合わないし、建設的でもない。

米国では米ソ対立が顕在化した1950年頃から、日米戦争のとらえ方に対する反省の動きが強まった。最大の脅威は実は共産主義だったのに、敵を見誤って日本との戦争に突入した結果、中国が共産化され、東欧諸国もソ連の支配下に入った。ルーズベルト外交には基本的な錯誤があったのではないかという問題意識である。

ジョセフ・マッカーシー上院議員が「米国務省の中に205人のソ連のスパイがいる」と発表し、センセーションを巻き起こしたのが1950年2月。実際、国務省が共産党員と認識しながら雇い続けている職員だけでも57人いることが確認された。マッカーシーは「赤狩り」のシンボルとされ、リベラル派主導のマスコミ、学界では非常に評判が悪い。

だが、国務省にソ連シンパが多数おり、それをディーン・アチソン国務長官以下が黙認している状態を看過してはならないという問題提起自体はごく正当なものだった。

同年6月には、北朝鮮の韓国侵攻によって朝鮮戦争が始まる。前年8月29日にはソ連が初の核実験に成功していた。在米スパイが核関連情報を流したことで、ソ連の核開発が早まったことは間違いない。核保有で対米抑止力が高まったとの自信がなければ、スターリンは北に侵略のゴーサインを出さなかったはず、との認識から米国内ではスパイ摘発の動きが一段と強まっていく。

こうした中、マッカーシーは、国務省や財務省に多数のソ連スパイが浸透していたために、われわれは特に日本との間違った戦争を強いられ、最大の敵を助けるに至ったとの主張を展開した。実際、ソ連の意向を受け、日本との利権調整に絶対反対を唱えたのが、蔣介石のもとにルーズベルトが顧問として派遣した「中国研究者」オーウェン・ラティモアや先述のホワイト財務次官らであった。

ラティモアは戦時中、「蔣介石軍は隠れてばかり。毛沢東は立派に（日本軍と）戦っている」といった虚偽報告を米国本国に送り続けた。やはり国務省から中国に送られたジョン・スチュアート・サービス、財務省から送られたソロモン・アドラーなども同様の姿勢であった。いずれも戦後、スパイ疑惑で職を追われたが、程度の差はあれ、中国の共産化に貢献した米国人の代表格と言える。

なお、ナチス・ドイツと戦うソ連を側面支援する「第二戦線」を英米軍がどこに作るかが主題となった1943年の米英ソ「テヘラン会談」についても、ソ連スパイの暗躍が見られた。

英国のチャーチル首相は、イタリアから東欧方面に北上するルートを主張したが、東欧を勢力圏に組み入れたいソ連としては、英米軍にそのルートを取られ同地域に影響力を持たれるとまずい、したがって英国本土から英仏海峡を渡ってフランスに上陸するルートの採用を強く求めた。1944年6月のいわゆるノルマンディー上陸作戦である。

この部分も戦後、米国で問題となった。ルーズベルト政権に浸透したソ連のスパイが、イタリア・ルートを捨てさせ、ノルマンディー・ルートを取らせたのではないか、その結果、多数の米軍兵士が不必要に命を落としたのではないかという疑惑である。第二次大戦から冷戦に至る歴史を見るに当たって、重要ポイントの一つと言える。

一方、この間、ドイツでは偏狭な人種主義的統制イデオロギー（ナチズム）を掲げるナチスが、ルーズベルト政権同様1933年に政権を掌握していた。

ナチズムの基盤となったのは、1920年代からイタリアを中心に広まった「ファシズム」（結束主義）である。

ヒトラーが無謀な対外侵略戦争に出なければ、ドイツのナチズム政権、イタリアのファシズム政権は、相当長期間続いた可能性がある。

現に同類たるスペインのフランシスコ・フランコ政権は、ヒトラーの侵略戦争と距離を置き、一部「義勇兵」をドイツ軍のもとに送ったものの基本的に中立を保った。そのため大戦に深くは巻き込まれず、１９３９年から１９７０年代半ばまで独裁体制を維持した。

やはりファシズム体制と言うべき中国共産党政権（以下、中共とも表記）やイランのイスラム原理主義政権は、内部にきしみもあるが、いまだに健在で周辺地域や世界を脅かし続けている。

ここでファシズムと日本の関係についてやや詳しく論じておきたい。正確に理解しておかないと、日本が不当な謝罪と賠償を強いられかねない「歴史戦」の重要テーマである。

中国の「世界反ファシズム戦争」論

昭和戦前期、特に満州事変（１９３１年）以降の日本は「ファシズム国家」だったのか。

この問いは、国際政治および国内政治において、新たな重要性を帯びるに至っている。

その主因は、中国共産党政権が展開する「歴史戦」にある。2025年は第二次大戦終結80周年に当たるため、日本の首相の「戦後80年談話」が、「安倍70年談話」を妙なかたちで上書きしかねず、相当先鋭な政治的テーマとなることが予想される。

中国政府の公式見解によれば、第二次世界大戦は日独伊という「邪悪、闇、反動」を体現するファシズム勢力の侵略に、中ソ米英ら「正義、光、進歩」を体現する勢力が立ち向かった「世界反ファシズム戦争」ということになる。

2015年9月3日、北京で、軍事パレードを伴って大々的に挙行された「反ファシスト戦争勝利70周年記念」式典における習近平中国国家主席の演説から注目すべき箇所を引いておこう。同主席の傍らには、プーチン・ロシア大統領、朴槿恵韓国大統領、潘基文国連事務総長らが立っていた。

中国人民の抗日戦争と世界の反ファシズム戦争は、正義と邪悪、光と闇、進歩と反動の大決戦だった。この惨烈な戦争中、中国人民の抗日戦争は最も早い時期に始まり、最も長く続いた。…この偉大な勝利は、日本の軍国主義の、中国を植民地とし、奴隷のように酷使しようというたくらみを徹底的に粉砕し、近代以来、外からの侵略に対する戦いで連戦連敗だった民族の恥辱をすすいだ。…

あの戦争中、中国人民は多大な民族の犠牲を以て、世界の反ファシズム戦争の東方の主戦場を支え、反ファシズム戦争勝利のために大きな貢献を果たした。…その中で、中国人の死傷者は3500万人を超えた。旧ソ連の死者は2700万人を超えた。…中華民族は一貫して平和を愛してきた。発展がどこまで至ろうとも、中国は永遠に覇権を唱えない。永遠に領土を拡張しようとはしない。永遠に自らがかつて経験した悲惨な境遇をほかの民族に押しつけたりはしない。

最後の部分はいかにも厚顔無恥だが、ほかにもここにはいくつもの誇張や歪曲、あるいはむしろ中国自身の自画像と言うべき部分がある。まず二点、指摘しておきたい。

第一に、20世紀に最も多くの犠牲者を出した独裁者は毛沢東であった。数だけで言えば、ソ連のスターリン、活動期間が相対的に短かったドイツのヒトラーより多い。

前二者は外国人以上に自国民をより多く死に至らしめた点に大きな特徴がある。言い換えれば、スターリンと毛沢東は、その対内政策に関する限り、ヒトラー以上に長期かつ広範囲にわたって非人道的だった（もちろんナチスのユダヤ人弾圧や占領地における行為の残虐さは改めて強調するまでもない）。

ヒトラーは、誰もが強く非難する最も「派手な」悪役であるものの、権勢を振るった期間が短かった分（約12年間）、前二者よりも犠牲者数は少ない。

第二に、第二次世界大戦は、通常、1939年9月1日のドイツ軍によるポーランド侵攻で始まったとされるが、9月17日のソ連軍によるポーランド侵攻もワンセットでとらえねばならない。独ソ不可侵条約（同年8月23日締結）の秘密議定書は、独ソによるポーランド挟撃および分割を合意に盛り込んでいた。攻撃的な同盟を結んで世界的大戦の引き金を引いたのはナチス・ドイツとソ連であった。

なお、この時期までの米国では、ナチスを「ブラウン・ボルシェビズム」（褐色共産主義）、ソ連を「レッド・ファシズム」（赤色ファシズム）と呼ぶなど、ドイツとソ連を同類と見なす議論が一般的であった。

その様相を一変させたのが、ドイツの電撃戦成功（パリ陥落）と、それを受けて3カ月後の1940年9月27日に調印された日独伊三国同盟であった。以後、ドイツと日本（そして付随的パートナーとしてイタリア）を台頭する危険なファシズム勢力として、一括してとらえ、非難する傾向が強まっていく。

当時の米国で知日派を代表する存在だったジョセフ・グルー駐日大使も「ドイツの軍事マシーンとシステム、輝かしい成功が強いワインのごとく日本の頭を参らせたようだ」と事態の不穏な展開を嘆く電報を本国に送っている（1940年8月1日付けの手記）。

「現に欧州戦争または日支紛争に参入しおらざる一国」に攻撃された場合、三国はあらゆる方法で相互に援助する（第三条）とした日独伊三国同盟条約は、事実上、米国を唯一の牽制対象としていた（ソ連はすでに「欧州戦争」に参戦していたため「しおらざる」に当たらない）。

米国内でも正しくそう受け取られ、いたずらに反日感情を高めることとなった。あくまで防御同盟で、先制攻撃的意図は含まれなかったにせよ、あの非人道的なナチスと組んだという事実は、今日に至るまで反日歴史戦のカードとして使われ続けている。日本外交史上、最大級の失敗だったと言わざるを得ない。

以上の二点を踏まえた上で、中国の対日歴史戦の狙いがどこにあるか、明確に認識しておく必要がある。大きく三つに整理できよう。

第一は、日本の精神的武装解除、すなわち中国がアジアに「覇権を唱え」、「領土を拡張」する上で障害となる地域大国日本の内部に加害者意識、贖罪史観を根付かせ、抵抗意思をなえさせることである。日本の多くの左翼歴史家は事実上、その走狗《そうく》となってきた。

第二は、「反省しない日本」への敵愾《てきがい》心を中国内でかき立て、共産党一党独裁体制の維持を正当化することである。

第三は、自由、民主、法の支配、人権といった中国自身に関わる「現在」の問題に焦点が当たらぬよう、過去に注意を逸らすことである。

この点、先の習近平演説に、自由や民主といった言葉が一度も出てこないのは示唆的と言える。たとえば、米国の政治家が第二次大戦を振り返る演説を行う場合、「自由と民主主義を守った」と、繰り返し強調するのが常である。中国の独裁者にはそれができない。自らの「現在」に対する批判につながるためである。

それゆえ、中国が喧伝《けんでん》する「反ファシズム」は「反・日独伊三国同盟」とほぼ同義であり、敗北した日独伊が「悪」であるから、その悪に勝った中ソ米英の側は「善」だと単純に規定しているに過ぎない。政治思想論としての中身は何もない、というより政治思想を意図的に空洞にしたプロパガンダと言うほかない。

ところが先の習近平演説が行われた2015年当時（ちょうど10年前）、日本の、特に左翼方面においては、こうした中国側の戦略的意図に気づかず、あるいは気づかぬふりをして、かつてファシズム国家であった日本が、いままた「安倍ファシズム」政権のもとで侵略の道を歩もうとしようとしている、したがって中国が懸念を覚えるのも当然といった議論が盛んであった。

以下、こうした内外の「反知性的」な日本＝ファシズム国家論に対し、若干の知的検討を加えておきたい。

ファシズムと「開発独裁」の相違

ファシズムという言葉は大いに濫用され、単に政敵を「乱暴な悪人」と決めつける以上の意味をもたない場合が多い。そのため、無意味な宣伝用語として、全面的に斥《しりぞ》ける保守派の研究者もいる。

それも一つの見識だが、筆者は、歴史的経緯に即して以下のように定義するなら、ファシズムは政治分析上、有用な概念たり得ると考えている。すなわち、「国家主義的な独裁を永遠の統治原理としつつ、抑圧体制活性化のため、資本主義のエネルギーを一定程度用いる政治イデオロギー」。

ファシズムが政治用語として国際的市民権を得たのは、1920年代に、イタリアのベニート・ムッソリーニが、共産主義でも資本主義でもない「第三の道」として打ち出して以降である。「ファッショ」はイタリア語で束ないし結束を意味する。ムッソリーニは独裁者たる自らを「ドゥーチェ（統領）」と呼んだ。

国家主義的な独裁を「善」としつつ、経済活性化のため資本主義の競争原理も用いるというのが、まさに「第三」ないし折衷策たるゆえんである。ムッソリーニは自由主義的民主制をあからさまに侮蔑し、敵視した。民主制（デモクラシー）の要諦は、熟議の上での多数決である。もちろんそれは独裁政治と両立しない。

ドイツのヒトラーも、国民全体の指導者「フューラー（総統）」を名乗り、統制の強化、批判勢力の弾圧を進める一方、経済については、主要産業のカルテル化を進めつつも一定程度競争原理の維持を図った。「国民全体を国家主義化すれば経済の国有化は必要なくなる」という言い方で、ヒトラーは「愚かな共産主義」との差異を強調している。

なお、ファシズムに異常な人種主義が加わったのがナチズム、そのナチズムにさらに急進的侵略主義が加わったのがヒトラリズム（ヒトラー主義）と整理することもできよう。

さて、「国家主義的な独裁を永遠の統治原理としつつ、抑圧体制活性化のため資本主義のエネルギーを一定程度用いる」をファシズムの定義とするなら、中国が掲げる一党独裁下の「社会主義市場経済」は、まさに現代版ファシズムの典型と言える。

中国は、「改革開放」を掲げた鄧小平時代に、毛沢東流の原始共産主義からファシズムに移行した。現下の世界において「反ファシズム」を唱えるなら、対峙すべき相手としてまず挙げられるべきは中国共産党政権だろう。

１９４９年の「中華人民共和国」設立以来、中共は、経済的混乱や貧困を乗り越えるための必要悪としてではなく、体制の基本的かつ永続的な原理として独裁を位置づけてきた。その点で、同じアジアに位置するシンガポール、韓国、台湾などがかつてとった開発独裁体制とは質的に異なる。

独裁を統治の永続的原則とするか、あくまで緊急避難措置ととらえるか。それが、ある統制型体制がファシズムか否かを分ける重要ポイントと言えよう。その点、戦前の日本はどうだったか。

比較ファシズム研究の視点から

比較ファシズム研究の泰斗スタンリー・ペイン米ウィスコンシン大名誉教授は、大著『ファシズムの歴史１９１４―１９４５』（１９９５年）で、昭和戦前期の日本について、「東条英機は決して軍事独裁者ではなかった。極右勢力はその内閣が弱体で統制を欠いていると批判していた。東条の個人的な権力はチャーチルやルーズベルト以下だったのではないか」と述べている。

また、「日本はドイツのような社会全般の過激化に陥ることはなく」、統制強化を唱える勢力が政府内外に存在したものの、「ドイツのシステムを単にコピーしようといった動きは決してなかった」とも指摘している。

そして、「日本には、全能の独裁者、ナチス的な党、SS（親衛隊。ユダヤ人大虐殺などを実行した）など存在しなかったし、反対派に対する強制収容所システムも一度も存在しなかった」点でドイツとは大きく異なるとしている。いずれもその通りと言えよう。

ペインはさらに、「軍事的には枢軸（独伊）側と結びついていたが、民主主義の側で戦ったとされるソ連や国民党中国より、日本社会の自由の度合いは高かった」というベン＝アミー・シロニー（ヘブライ大学教授）の言葉を引き、賛意を表している。

著名な近代史家であるデイヴィド・レイノルズ英ケンブリッジ大学教授も、著書『ミュンヘンからパール・ハーバーへ』（２００１年）の中で、次のように述べている。

ファシズムという用語が日本に当てはまるか、明らかに疑問である。政界に唯一のカリスマ指導者といった存在はなかったし、軍や官僚機構における従来のエリートが政治をコントロールしていた。多くの点で、第二次大戦中の日本は、『民主陣営』で戦ったソ連や

国民党中国より統制の度合いが低かった。

これら研究者の先達に当たる米ジョージタウン大学の歴史家、チャールズ・タンシルはいち早く、1952年に出版した『裏口からの参戦』(*Back Door To War*)で、共産主義を共通の敵として日本とも協力関係を築くべきだったのに、ルーズベルト政権は大きな誤りを犯したと強調している。

中国を共産党に支配させてしまったがゆえに、中国「義勇軍」が介入した朝鮮戦争で米兵4万人、中国による代理戦争の側面もあったベトナム戦争で米兵約6万人が命を落とすことになった、もし習近平政権が台湾侵攻という暴挙に出れば、米軍将兵に同程度の犠牲が出かねない、といった議論も米国の保守派においてはよく聞かれる。

なおタンシルは、有名なリットン報告書(満州事変に関して国際連盟が派遣した調査委員会の報告書)に関して、ソ連による外モンゴル併合に触れていない点を批判している。日本が満州に進出したのはソ連の脅威に対抗する意味もあった。にもかかわらず、そこに言及しないのはバランスを欠くというごく自然な指摘である。

タンシルの系譜に連なる歴史家ジョージ・C・ヘリング米ケンタッキー大学名誉教授は、1000頁を超える大著『オックスフォード版米国史』外交史の巻(2011年)で、満州事変に関して、「実際、当時の保守的欧州人たちは、中国が策略的、欺瞞的であるのに対し、日本は安定の源で共産主義に対する防波堤でもあると見ていた」と記している。

『第二次世界大戦の起源』（1961年）の超ロングセラーがある英国の碩学《せきがく》A・J・P・テイラーも満州事変について次のような見解を示している。

日本は、理論上は中国の一部である満州を占領したが、日本側には十分な言い分があった。中国の中央政府の権力は満州に及んでおらず、久しく無法な混乱状態にあって日本の権益はひどく損なわれていた。中国では列強が単独行動に出た先例は多々あり、最も近い例は1927年の英国の上海上陸だった。

なお、中国国民党軍は第二次上海事変などの際、日本側に対して大規模攻勢を仕掛けただけでなく、国際居住区にも攻撃を加えている。国際法が重要と言いつつ、中国側の国際合意違反については沈黙する歴史家が多いのも戦後日本の特徴である。

1933年の日本の国際連盟からの脱退についても、事は単純ではない。当時、英国やカナダ、オーストラリアなどは満州事変に関して「日本非難決議などしてはならない。連盟は調停に徹すべき」と主張していた。ところが、チェコなど欧州の小国が、主にドイツを牽制したいとの思惑から、まとまって日本非難を打ち出した。

したがって当時の日本政府は、この際、国際連盟を出て米英などの列強と利権の調整を図った方が現実的との判断から脱退を決めたのである。国際連盟については、米国など初めから非加入だった国もあり、連盟脱退という行為を重大視しすぎるのは問題である。

以上のような複雑な状況を無視して、連盟脱退＝孤立化、日本は世界を敵に回したといった解釈は大いに疑問と言わざるを得ない。また日本政府は、連盟本体からは脱退するものの、連盟の諸事業には引き続き協力するとの声明を発している。これは、永世中立国の立場から国際連合本体には加盟しないが、各種の付属機関には参加した最近（２００２年）までのスイスのあり方と似ている（現在はフル加盟）。

またパリ不戦条約（１９２９年発効）の意味を、戦後日本の歴史家の多くは正しく理解していない。米議会は同条約の批准に当たって付帯決議を採択し、①不戦条約に違反したと思われる国があっても米国は制裁に自動参加はしない、②米国の勢力圏である中南米はモンロー・ドクトリンに基づき条約の適用範囲外と見なす、などと宣言している。

英国も自国の植民地をあくまで勢力圏内に置き続けることを念頭に、「死活的利益」に関わる問題は不戦条約の適用外だと宣言した。したがって、たとえば前述のタンシル教授は、それなら満州のように日本が特殊権益を主張する地域での行動を、なぜ英米が不戦条約を盾に批判できるのか、という非常に真っ当な論点を提示している。

　なお不戦条約の正式名称は「国策の道具としての戦争を否定するための一般条約」であり、条文にも「戦争違法化」などの原理主義的な表現はない。案文の成立過程を見ても、むしろ当時の大国にとって不都合な「違法」といった用語は意識的に排除されている。

　一見、議論の余地がなさそうな「民族自決原則」にも危うさが潜んでいる。たとえばドイツなどが、この概念を錦の御旗に失地回復目的の軍事行動に出かねない。そこで、民族の分布に関わりなく現状の国境を維持するべく、フランス主導でまず結ばれたのが1925年のロカルノ条約だった（英仏独など欧州7カ国による地域的集団安保体制）。

　しかし、それだけでは対独抑止力として弱いと考えたフランス（アリスティード・ブリアン外相）が米国を引き込もうとし、一方、国際連盟不参加の負い目を払拭したいが、欧州の争いには巻き込まれたくない米国（フランク・ケロッグ国務長官）がフランス提案の中身を薄め、妥協的にまとめたのがこのパリ不戦条約（別名ケロッグ・ブリアン条約）だった。

　こうした当時の状況や、海外のバランス感覚に優れた研究者の見解に照らせば、戦後の日本歴史学界が総じて、単純かつ非常識な左翼的解釈に安住してきたことが分かる。

自民党に近い研究者においても、昭和戦前期の日本に関し、「これでもか、これでもかと侵略戦争をやった」（五百旗頭真・元防衛大学校長）といった片寄った見方が決して珍しくなかった。日本の軍事行動に、在中邦人の生命財産をテロから守る自衛的側面があったことなど視野に入らないかのごとくである。

この点、中国人学者（南京大学卒）である林思雲の次の指摘は興味深い。

中国人から見ると、このように片方だけに戦争責任を求める論法には傲慢さが含まれている。すなわち、日本を日中戦争の主導者と見なし、日本が戦争を拡大しようと思えば拡大でき、拡大させまいと思えば拡大させぬことができたのであり、戦争の方向は日本の意思でコントロールできたというものであるが、自発的に戦おうとした中国人の意思が軽視されている。

中国側にも、紛争拡大の「責任」ないし主導性はあったということである。林はさらに、「実際には当時の日本は、決して戦争の方向をコントロールしていなかった」とし、日中戦争の「本当の発端」は、「小さな軍事衝突」であった盧溝橋事件（1937年7月7日）ではなく、「1937年の8月13日に発生した第二次上海事変である」と言う。

続けて、「この戦闘は、まさしく中国側から仕掛けたのである（この日、蔣介石は上海に駐屯していた5000人あまりの日本海軍特別陸戦隊に対する総攻撃を命令した)。日中戦争が拡大した真の原因を言うとすれば、それは世論に煽動された双方の民衆の仇敵《きゅうてき》意識であると言わねばならない」とも指摘している(北村稔、林思雲『日中戦争』PHP研究所、2008年)。

表現の細部には異論もあるが、少なくとも、中国が一方的に犠牲者で、日本が一方的に加害者という整理はおかしいという指摘が中国人学者から出ている事実は、しっかり念頭に置いておきたい。

イタリアとドイツの相違

日独伊をファシズム国家と一括りにする議論の不毛は、ドイツとイタリアの比較によっても一段と明らかになる。

ムッソリーニ政権はユダヤ人も少なからず幹部に登用しており、ナチス的な異常な人種主義の要素はなかった。1932年に政治警察オブラ(OVRA)を新設してのちも、拘留された政治犯の数は数百人規模で、ナチスや、いわんやソ連や中国共産党とは全く比較にならない。

1940年5月10日にドイツ軍がベルギー、オランダに侵攻、次いで20日にはフランスに侵入して、西欧を席巻する勢いとなったのを見て、6月10日、イタリアはドイツ側に立っての参戦を宣言した。

しかし、その軍事行動はイタリア系住民が多数居住する一部南欧地域の併合にとどまった。ナチスのような、軍事力による「生存圏」確保計画があったわけではなく（また能力もなかった）、基本的に時勢に便乗した利権確保の域を出なかった。

誤解を恐れずに言えば、イタリアと一括りにされても、歴史戦において日本に大した実害はない。問題はナチスとの同一視であり、ここは事実に即して明確に反論する必要がある。すでにドイツの敗色が濃厚となった1944年5月5日、ナチス親衛隊長のハインリヒ・ヒムラーが行った内部訓話から一部を引いておこう。

ユダヤ人問題は、われわれの血の存続が掛かった、生死を分ける戦いにふさわしい妥協なきかたちで解決されねばならない。服従の精神と絶対的確信に基づきつつ、この軍事命令の遂行が、私にとっていかに難しいものか諸君は理解できるだろう。『男に関しては分かるが、なぜ子どもたちまで殺すのか』と諸君は問うかもしれない。

しかし、過去の戦争のルールは捨てねばならない。ドイツ人たるわれわれとしては、い

かに心が重かろうと、憎悪と復讐心に満ちたユダヤ人世代を成長させるわけにはいかない。われわれの心の弱さと臆病のために、われわれの子や孫の世代に苦労の種を残すことになるからだ。

これが、幼い子どもを含め、ユダヤ人の絶滅（ホロコースト）に邁進した冷酷非道な男の論理である。戦前期日本のどの指導者の史料を当たっても、ヒムラーのような病的発言を見いだすことはできない。

日本軍による慰安所（戦地売春施設）管理をホロコーストに喩える人々が日本国内にもいるが、自国を根拠なくどの地点まで貶めているか自省すべきだろう。

「天皇制ファシズム」論の矛盾

先に引いたペイン教授の日独比較論の中に、日本は「強制収容所システムを一度も持たなかった」との指摘があった。この点は、ナチス、ソ連、共産党中国などとの比較のみならず、戦時中の米国との比較においても重要である。

よく知られる通り、米国では第二次大戦中、主に西海岸に住む約12万人の日系人が内陸部の収容所に強制移住させられた。正規の立法措置ではなく、ルーズベルト大統領の行政命令というかたちが取られ、被収容者の62％が米国で生まれた2世、3世だった。

真珠湾攻撃のような日本軍による奇襲作戦が米西海岸でも行われ、日系人が協力者として破壊活動に走りかねないという根拠のない噂に、軍の一部が影響され、政治家が迎合してとった、明らかに違法な措置だった。

当時の米軍ジョン・L・デウィット西部防衛司令官は、太平洋上の日本艦隊と西海岸の日系人の間に何らかのかたちで連絡があると信じていたという。

強制移住に中心的役割を果たしたカリフォルニア州のアール・ウォレン司法長官（後に連邦最高裁長官）の言葉を引いておこう。

遺憾なことに、多くの人々が、これまで破壊活動やスパイ活動がカリフォルニアで起こっていないから、何の計画もないと考えている。しかし、これこそ最も不吉なサインである。スパイは時を見計らっている。われわれは、誤った安全の感覚に誘い込まれている。私はそう信じている。

つまり、日系人による破壊活動の兆候がないことが、逆に怪しさの証明というわけである。牽強付会の極みというほかない。

ファシズムの具体的発現形態の一つが国内における強制収容所の存在だとすれば、その点、日本の方が当時の米国よりファッショの度合いは小さかった。

日本史学界のファシズム論争

日本の近現代史学界においても、日本＝ファシズム論は断続的に論争を呼んできた。中でも、伊藤隆東京大学教授の「昭和政治史研究の一視角」（1976年）と『ファシズム論争』その後」（1988年）の二つの論文は、必読文献であり、今日的意義を失っていない（伊藤教授は2024年、91才で逝去）。

以下、箇条書き的にいくつかの論点を紹介しておく。伊藤は「天皇制ファシズム」という学界用語について、まず次のように疑問を呈する。

「ファシズム」がはなはだ曖昧な用語であるうえに、この「天皇制」なる用語もまたはなはだ曖昧な用語である。…この用語は日本近代の広い意味での政治支配体制全体を対象としているが故に、その政治的情動的な感触を除けば日本近代の政治支配体制という以上の意味をもたない。近来「古代天皇制」「近世天皇制」といった用い方をされるのだから、必ずしも近代に限定されるわけでもないらしい。

とすると、戦前期に濫用された「国体」という用語との類似を感ぜざるを得ない。日本

の広い意味の政治体制をプラスに評価する用語としての「国体」のちょうど裏側、つまりそれをマイナスと評価する用語として「天皇制」が存在するといってよいであろう。(『昭和期の政治』山川出版社、１９８３年所収)

それゆえ、「天皇制ファシズム」は何を限定したことにもならず、学問的な分析用具たり得ないというのが伊藤の指摘である。その通りだろう。

伊藤教授はまた、大恐慌に続く1930年代について、「いずれの国家もその現実的な形態は異なるとしても、最底辺に至るまでの国民のエネルギーを総動員し、それを背景に権力の集中を図っていたのであって、それは実に1930年代の一つの世界的に共通した傾向であった」と述べ、日本史研究者はもっと国際的な視野を持たねばならないと説く(『昭和期の政治［続］』山川出版社、1994年)。

すなわち、イデオロギーの衣に隠れた国家間の利権のせめぎ合いを見なければならないという趣旨である。これまた的確な指摘と言える。

満州事変以降の日本をファシズムという用語で括るのではなく、具体的に「軍部の台頭」「戦時体制」などと表現する方が、実証研究に資するというのが伊藤教授の、特に学界に向けた提言であり、遺言でもあった。

通州事件と北朝鮮による日本人拉致

日中戦争が泥沼化する中、蔣介石やその夫人・宋美齢に代表される中国国民党勢力が米国で積極的な広報活動を展開したことが、日本を侵略者として描く国際的イメージの拡散に少なからず貢献した。

しかし中国における日本の軍事行動には、当然の自衛行為と見なすべき面もあった。中国に渡り、普通に商売していた日本人が多数襲撃され、殺害されるのを国家としては座視できない。代表例として、1937年7月29日の、一部中国人による凄惨を極めた虐殺事件がある（200人以上の日本人が犠牲になった通州事件）。

当時に限らず現在においても、まともな国なら居留民保護のために軍を派遣し、再発防止を期して犯人集団の根拠地に攻撃を加えることを考えるだろう。「遺憾の意」や「最も強い言葉で抗議」で済ますのは、国家としての責任放棄でしかない。

先に触れたリットン報告書も、その点に言及している。中国側がいかに日本の権益を侵害していたかを詳述した上、日本が耐えがたいと感じたのは当然、ただし十分に話し合いを尽くさず軍事力を行使したのは問題というのが報告書全体のトーンである。一方的に日本を断罪するような単純な割り切り方はしていない。

もっとも、その後の日本政府や軍上層部の戦争指導には、問題とすべき点が多々ある。民間人のみならず、日本軍の将兵も含め、失わずに済んだはずの多数の命が失われた。そこは徹底的に検証し、反省材料とせねばならない。

しかし戦後の日本では、「反省」が安易かつ行き過ぎたかたちで行われ、テロ勢力に拘束された日本人を救出するためであっても「海外派兵」は憲法違反であり、許されないとなった。北朝鮮による日本人拉致事件は代表例だろう。

戦前の日本なら、軍を現地に送って被害者を奪還する作戦が練られ、機を見て実行したはずである。またそのような日本であれば、抑止力が働き、次から次へ日本人が拉致されることもなかったはずである。

ところが現在では、そうした軍事的対応はことごとくタブー視され、被害者を放置するのが「平和国家」のあるべき姿であるかのごとくである。羹《あつもの》に懲りて膾《なます》を吹く。恥ずべき劣化と言わねばならない。

日中戦争に話を戻せば、現在の国際社会においても類似の事例がある。イスラエル・パレスチナ紛争を見てみよう。

2023年10月7日早朝、ガザ地区を実効支配するテロ組織ハマスが突如、イスラエルに対する複合的かつ大規模な奇襲攻撃を開始した。

3000発以上発射されたロケット弾には、イスラエルの迎撃システム「アイアンドーム」が即応したものの、すべてを撃ち落とすのは不可能で相当な被害が出た。

地上ではハマスの突撃部隊「カッサム旅団」が防護フェンスを破って侵入、音楽フェスティバルに参加していた人々など一般住民1200人以上を殺戮した後、女性や乳幼児など250人以上を拉致して去った。エンジン付きパラグライダーでの防護フェンス越えやボートを用いた海上からの侵入も併せて行われた。

イスラエルにとっての理想形は、事前に情報を得て軍が待ち伏せし、入ってきたテロ集団を一網打尽にすることだったろう。それができていれば、人質奪還を主目的とした大規模な反攻作戦も必要なく、ガザにおける「人道危機」の責任を問われることもなかった。

ところが、完全に虚を突かれ、場所によっては25キロメートル以上イスラエル領内への侵入を許し、暴虐の限りを尽くされた。情報作戦の重要さを改めて痛感せざるを得ない。

なお、秘密作戦部門を備えた本格的な情報機関を持たない日本は、先進国中、最も脇が甘いと言える。モサドなど強力な情報組織を備えた「イスラエルですら」奇襲被害に遭った事実に鑑み、スパイ防止法の制定を含め、速やかに態勢を整えねばならない。

石油利権が引き金を引いた日米戦争

日独伊三国同盟の締結でナチス・ドイツと同類との印象を与えたことで、各国反日勢力の動きを活発化させ、日本は最終的に、米ルーズベルト政権による対日石油禁輸という決定的な制裁措置を招くに至った。

当時の日本は9割以上の石油を米国から輸入しており、禁輸は日本にとって致命的な打撃となった。石油が絶たれれば、国民生活に大なる支障が生じるだけでなく、戦闘機や戦艦、戦車などは単なる鉄の塊と化す。ルーズベルト政権は石油という武器で日本を崖の先端まで追いつめた。

日米戦争をもたらしたのはこの「石油利権」だったと言える。日本は石油が出ない。中東油田の開発と輸入はまだ先の話であった。

当時、アジアを見渡して余裕ある産油地帯と言えたのは、オランダが植民地としていたインドネシアだけだった。日本政府は、インドネシアの油田を武力で確保し、日本に海上輸送することで生き残りを図るしかないと考えた。

しかし、この海上輸送ルートの安全を確保するには、ハワイに拠点を置く米国太平洋艦隊と、シンガポールの英国海軍基地を無力化せねばならない。この発想から生まれたのが、ハワイ真珠湾に停泊する米艦隊への奇襲攻撃であり、シンガポール攻略を目的としたマレー半島南下作戦（マレー作戦）であった。

いずれにおいても日本軍の緒戦の戦果は目覚ましかったが、総合的な国力の差はいかんともしがたく、最終的に多数の人命を失い、国富に壊滅的打撃を受けての敗戦となった。

ここから現代日本が得るべき大きな教訓の一つは、複合的なエネルギーの確保と自由主義圏との関係強化を進めることの重要性である。まず日本は、安全が確認された原発の再稼働はもちろん新増設も積極的に進めねばならない。

現在、日本は石油の9割以上を中東から輸入している。タンカーの多くは、ペルシャ湾からホルムズ海峡を抜けて日本に向かう。仮に、対立関係にあるイランとサウジアラビアの間で戦争が勃発し、イランがホルムズ海峡に機雷を敷設したり、イラン革命防衛隊や配下のテロ組織であるフーシ派がタンカーを攻撃したりといった事態になれば、中東からの石油は途絶する。日本国内の石油備蓄は3カ月分しかない。

この危機的状況においても、多数の原発が稼働していれば、現在備蓄されているウランだけで3年以上にわたって電力供給が可能である。

「脱原発」は国家安全保障上あり得ない選択肢である。自国の原発を廃棄しても、原発大国のフランスから送電線を通じて電気を輸入できるドイツなどと違い、島国日本における脱原発はまさに自殺行為と言うほかない。

脱炭素原理主義が「世界の潮流」と信じ込み、再エネ（太陽光、風力など）をエネルギーの基軸にしようと走る日本の政界の傾向は非常に危険である。再エネは、昼夜や自然条件に左右される変動電源であり、高性能・超大容量で安価な蓄電池が大量供給されない限り、基軸たり得ない（そして、その技術的展望は見えない）。

またメガソーラーや巨大風力発電機による環境破壊も、各地で設置が進むにつれ深刻の度を増している。すでに許容範囲を超えたと言えよう。政財界の再エネ利権勢力に引きずられる状態を続けてはならない。多くが中国製太陽光パネルの購入に回る再エネ賦課金（電気税にして対中納付金）は、速やかに廃止すべきである。

日本はまた、米国からの液化天然ガス（LNG）の輸入をより積極的に進めるべきだろう。米国のLNGは、ルイジアナやテキサスなどメキシコ湾（トランプ大統領は、米国での呼び名を「アメリカ湾」に変更）に面した州にある液化天然ガス基地からLNG運搬船に積まれ、パナマ運河を通過して太平洋を渡り、日本に着く。

テキサス州選出のテッド・クルーズ上院議員（共和党）は、将来の大統領候補の一人で、トランプ大統領との関係も良い。２０２５年1月から、輸出入に関する法整備に当たる上院商業委員会の委員長となった。米政界屈指の保守派論客でもある。クルーズとのさらなる関係強化は日本外交にとって大きな財産となろう。その点に鑑みても、テキサスを積み出し港とするＬＮＧの輸入拡大には戦略的合理性がある。

脱炭素原理主義に迎合するバイデン政権は、ＬＮＧ輸出に消極的だったが、トランプ政権は積極姿勢を打ち出している。ＬＮＧの対日輸出が増えれば、米軍当局は、その海上輸送ルートの安全確保に一段と本腰を入れるだろう。米海軍と海上自衛隊の関係強化にもつながるはずである。

日本は、CO_2をほとんど出さない高性能・高効率の最新型石炭火力発電所の積極展開にも乗り出さねばならない。スウェーデンの脱炭素活動家「グレタさん」に親近感を有する河野太郎、小泉進次郎らに影響を受けた菅義偉首相がストップをかけたが、この愚行からも早期に脱却する必要がある。

日本の主要な石炭輸入先はオーストラリアだが、同国産石炭の購入量を増やせば、やはり、その輸送ルートの安全確保に日豪両国がより強い関心を持つことになる。

米国からのLNG輸入拡大と合わせ、「自由で開かれたインド太平洋」の構築を目指すクアッド（日米豪印4カ国枠組み）全体の強化にもつながるだろう。日本は、トランプ政権同様、脱炭素原理主義と縁を切らねばならない。

「ウォーク」と闘うテッド・クルーズ

なおクルーズ上院議員には、『目覚め拒否―アメリカにおける文化マルクス主義をいかに打破するか』（Ted Cruz, *Unwoke: How to Defeat Cultural Marxism in America*、2023年）と題する近著がある。

いまや、ポリティカル・コレクトネス（政治的正しさ。日本ではしばしばポリコレと約される）の悪しき進化形として、米国の文化戦争におけるキーワードとなった「ウォーク」（Woke、目覚めた。Wakeの過去分詞形）。日本で言えば、「意識高い系」が用語として近い。

米国は人種差別が構造化した社会だと規定する「批判的人種理論」やトランスジェンダー・イデオロギー、「結果の平等」などを、異論を許さぬかたちで社会全体に押し付け、定着させようとする政治運動および態度を指す。トランプ大統領はこれをはっきり拒否している（この問題は第4章で詳述）。

クルーズは、今日「ウォーク全体主義者」たちは、「人々への洗脳過程を、読み書きを覚える前の段階から始める」、すなわち初等教育におけるウォーク・イデオロギー注入を「解決策」と見て、「人員配置をめぐる戦い」を中心に戦略的に推し進めていると言う。ウォーク教員を増やそうと思えば、大学の教員養成課程を支配せねばならない。そのため近年、大学教育におけるカリキュラムが左翼主導で一段と歪められているとクルーズは警鐘を鳴らす。

亡命キューバ人を父に持つクルーズらしく、米国左翼の手本はキューバのカストロ全体主義体制だと指摘する。

（カストロの盟友で、いまだに左翼人士の間でファンが多い）チェ・ゲバラは残忍な怪物だった。ゲバラはしばしば、革命に忠実でないと見なした人々を殺害した。『私の鼻腔《びこう》は、弾薬と血のツンとくる匂いを味わうべく拡張する。私は本当に殺人が好きなのだと分かった』。彼はそう書いている。…ゲバラは子どもを『自由に成型できる粘土』と呼び、幼児教育に力を入れた。

キューバで教員を務めていたクルーズの祖母は、近所から白眼視されるのを承知の上で、意識的に狂気を装ったという。子どもたちに嘘を教えるのは耐えがたいが、かといって政権の方針に露骨に反抗すると命が危ない。窮した挙げ句の「狂人偽装」だった。

日本では、カストロやゲバラへの憧れを無邪気に口にする政治家が少なからずいる。それでは、クルーズ上院議員やマルコ・ルビオ国務長官（両親が亡命キューバ人）ら米国の保守政治家との連携は難しいだろう。

クルーズが強調するように、今日、米国のウォーク教員らは、子どもたちが、「我が国の過去を憎悪し、建国者たちは邪悪な人種差別主義者だったと見なすよう」導こうとする。近年、そのテキストとして使われているのが、ニューヨーク・タイムズがキャンペーンを始めた「1619年プロジェクト」の普及用パンフレットである。

このプロジェクトは、最初の奴隷船がアフリカから黒人を連れてきた1619年こそが、今日に至る米国社会の構造的原点であり、翌1620年のメイフラワー号到着を起点とする白人中心の歴史は根本から書き換えられねばならないと主張する。1619年から400周年に当たる2019年に開始された。

クルーズは、「抑圧の歴史という一つのレンズのみ」を目に当てて、米国の過去は「主としてジェノサイド、レイプ、殺人の歴史だったと描く」ウォーク教育に対して、親や議会がはっきり立ち上がらねばならないと言い、実際、自ら先頭に立って声を上げてきた。

米国では、保守とリベラルのせめぎあいが激化しており、保守派の勢いが強い州では、初等教育の場で批判的人種理論、トランスジェンダー・イデオロギーを教えることを禁じる州法の成立も見られる。

日本でも、2024年のLGBT「利権法」成立を受けて、まだ性観念の曖昧な子どもたちがトランスジェンダー・イデオロギー教育に晒され、非常に危険なかたちで混乱する事態が生じている。この法の廃止を含む保守派の巻き返しが必要だろう。

共産主義の利権と戦った「B級俳優」大統領

冷戦期の日本では、特に大学教員や主流メディアなどインテリ層において、社会主義が「時代の流れ」とする錯誤が広く存在した。保守派は大学の常勤教員ポストを得るのが難しかった（いまもその傾向はあるが）。筆者は、高坂正堯教授、勝田吉太郎教授など保守派の論客が揃った京都大学法学部で学部、大学院時代を送り、その後、新設の福井県立大学に常勤教員の職を得た。例外的に幸運だったと思う。

米国の大学世界も事情は似通っており、現在でも、社会科学系の教員は約7対1の比率で民主党支持者が共和党支持者を上回っていると言われる。

ここで米国政界に目を移したい。

冷戦期の米国を代表する政治家の一人で、1969年1月から1974年8月まで（すなわちウォーターゲート事件で辞任するまで）大統領を務めたリチャード・ニクソンは、下院議員時代、反共の闘士として名を馳せた。ところが、スムーズな政権運営を顧慮するあまり、リベラル派への迎合の度合いを強め、インフレ対策と称して価格統制委員会を作るなど、様々に保守派の不信を買った。その点、時代の子だったと言えよう。

外交面でも、理念抜きの平和共存論者であるヘンリー・キッシンジャーを重用してソ連とのデタント（緊張緩和）や中国共産党政権との和解を進めるなど、反共主義者の目には問題と映る行動が多かった。

ニクソン大統領の安保補佐官になるまでキッシンジャーは、保守派がリベラル派の巣窟と見なすハーバード大学の教授を務めており、共和党内の最左派であるネルソン・ロックフェラー米ニューヨーク州知事（のちに、ニクソンの後を継いだジェラルド・R・フォード政権で副大統領）のブレーンの一人だった。

彼は知的な戦略家である一方、後年になるほど中国のブローカー的色彩を強めた。功罪相半ばする存在だが、彼の起用も、保守派にはリベラル派への迎合と受け止められた。

ソ連とは平和共存以外ないとする、こうしたデタント外交を根本から変えようとしたのが、1980年の大統領選で当選したロナルド・レーガンだった。レーガンはかねて、ソ連崩壊を戦略目標に据えていた。「あなたの冷戦戦略は」と問われてこう答えている。「われわれが勝つ、彼らは負ける（We win. They lose.）それが私の冷戦戦略だ」。

レーガンは左翼や既存エリート層一般から「B級映画俳優」と揶揄されたが、政界入りする前も、映画俳優組合（The Screen Actors Guild、SAG）の委員長として、ハリウッド乗っ取りを狙う共産主義勢力と激しい政治戦を戦っていた。その間、身の危険があるため、就寝時は常に拳銃を枕元に置いていたという。

ソ連は、米国内の左翼人士をハリウッドの隅々に浸透させ、共産主義を理想化する映画を量産させようとした。まだインターネットはおろかテレビも普及していない時代、映画メディアの文化全般に対する影響力は今日の比ではなかった。

レーガンは確かに「B級映画俳優」だったかもしれない。しかし自由な映画作りと「アメリカンドリーム」を基調とする古き良き伝統を守るため、先頭に立って戦った「A級冷戦戦士」でもあった。右翼的という批判に対し、レーガンは「私が初の組合出身大統領であることを知らないのか」と冗談で返すのが常だった。

もちろんレーガンは経験上、組合運動にまつわる利権構造も知悉《ちしつ》していた。したがって大統領時代、航空管制官組合（ＰＡＴＣＯ）のストライキに一切妥協しなかったように、理不尽な要求を掲げる左翼組合には厳しい姿勢で臨んだ。

現在でも、地図上で米国の左端に位置するハリウッドは、しばしば「ウエスト・コースト」ならぬ「レフト・コースト」（左海岸）と呼ばれる。共和党員と分かれば役がもらえないと言われるくらい、ハリウッドは民主党（リベラル）支配の世界である。

もちろん例外もある。クリント・イーストウッドやメル・ギブソン、シルベスター・スタローン、ジョン・ヴォイトのように共和党員である旨を公言し、トランプ支持の立場を明らかにしてきた人もいる。とはいえ、俳優、映画監督、プロデューサーの大半は、「反トランプ」であることを態度で表し、周りにアピールしようとする。

１９８０年11月の大統領選で、現職のジミー・カーター（民主党）を破り、１９８１年1月から2期8年にわたって米国政治の舵取りをしたレーガンは、経済財政政策では、「減税と規制緩和を通じた経済活性化」を高く掲げた。

レーガンが属した共和党では従来、「均衡財政論」が主流だった。「支出は歳入の範囲で行い、赤字財政を忌避するのが、保守派の正しい姿勢。軍事費にせよ何費にせよ、支出を増やすなら増税が必要」とする一種のイデオロギーである。

日本では現在も財務省がこのイデオロギーの浸透に精力を傾けており、自民党も野党第一党の立憲民主党もその影響下にある。しかしその点は後の章で論じよう。

この均衡財政論に対し、レーガンは「まず減税」を主張した。減税で一時的に税収が減り財政赤字となっても、経済が活性化され、成長すれば、やがて自然増収が生まれ、赤字は解消される。したがって、減税と軍備増強は両立するという考えだった。

これに対して当初、共和党内でもかなりの抵抗が見られた。多くの専門家が「レーガンは経済が分かっていない」と批判し、「呪術経済学」といった言葉で侮蔑する向きもあった。しかし後年、結局レーガンの発想が正しかったことが証明された。

レーガンは1989年1月に退任したが、その後1991年のソ連崩壊を受けて、2代あとのビル・クリントン大統領時代（1993年〜2001年）に、米国は財政黒字を見るに至っている。クリントンは民主党の政治家だったが、共和党のレーガンが推進した減税と規制改革による経済成長の恩恵を受け、余裕をもって財政運営に当たれた。

ともあれレーガン以降の共和党では、「減税と規制改革を通じた経済活性化」を唱えなければ保守ではないという政治文化が定着した。陽性で、「偉大なコミュニケーター」と言われるほどの発信力を有したレーガンは、少なくとも共和党においては、いまや誰もが尊敬の念を口にする偶像的存在である。

共和党から選挙に出ようと思えば、減税と規制改革を掲げ、経済活性化を実現する能力を示すことが必須と言える。外交・安保分野では「力を通じた平和」を掲げねばならない。トランプ大統領もレーガン精神の継承を掲げる政治家の一人である。

レーガンは経済面でソ連に打撃を与えることにも意を用いた。その決め手の一つが、産業スパイ網の粉砕だった。ソ連が曲がりなりにも米国と覇を競うレベルの軍事力を維持できたのは、多くのスパイを通じて米国や日欧の最新テクノロジーを盗取したが故であった。このルートを絶たねばならない。そこで実行したカウンター攻撃の代表例が、「フェアウェル工作」と呼ばれる秘密作戦である。

ソ連は自由主義先進国から最先端のテクノロジー情報を盗むため、国家保安委員会（KGB）第1総局T部局に「X戦線」と呼ばれる実行部隊を設け、大掛かりな産業スパイ活動を展開していた。

ちょうどレーガンが大統領に就任した1981年、フランス情報部がKGBの内部に重要情報源を得た。X戦線がスパイ活動で得た最新テクノロジーの評価を担当するウラジミール・ヴェトロフ大佐（米仏情報機関におけるコードネームは告別を意味する「フェアウェル」）である。ヴェトロフは、約4000枚の関係資料を写真撮影し、フランスのエージェントに渡した。

同年7月、米仏首脳会談で、フランソワ・ミッテラン大統領がレーガンに事の概要を伝え、情報の共有を申し出た。ほどなくCIAがフランス情報部からファイルを受け取る。

この情報を基にレーガンは、CIAにカウンター作戦を命じた。すなわち、一定時間が経過後に作動するウイルスを仕込んだバージョンをX戦線に掴ませる。仮にどこかの段階で作戦の存在が露呈しても、ソ連は、以前にX戦線が得た「成果物」すべてに疑心暗鬼とならざるを得ない。発覚した場合にも、追加の撹乱効果が期待できる。

その後、ウイルスが作動しての天然ガス・パイプライン爆発事故などが起こった結果、ソ連側は異変に気付き、西側からのテクノロジー窃取工作を中断せざるを得なくなった（ヴェトロフはKGBに逮捕され、処刑された。隠れた冷戦の英雄と言える）。

ちょうどそのタイミングでレーガンが、最新テクノロジーを駆使した画期的な戦略ミサイル防衛構想（ＳＤＩ）を打ち上げた。後年公開されたソ連の秘密文書によると、ゴルバチョフ書記長が最高幹部会合で、ソ連はＳＤＩに技術的・財政的に対抗できる状態になく、決定的な戦略的劣勢に陥るとの危惧を繰り返し表明している。

ソ連軍によるアフガニスタン侵攻作戦の泥沼化とともに、レーガンによるこうした圧力がソ連崩壊を促進したことは間違いない。

第一次トランプ政権はこの歴史的教訓も踏まえて、ＦＢＩおよび司法省に「中国シフト」を敷かせ、在米中国スパイの摘発に力を入れた。

最先端半導体などに使われるナノテクノロジーの世界的権威チャールズ・リーバー・ハーバード大教授の逮捕・起訴がその代表例である。

バイデン大統領は愚かにも、あるいは不可解にも中国シフトを解除したが、第二次トランプ政権は再び産業スパイ対策を強化する。日欧も連携せねばならない。

「植民地利権」をめぐるフォークランド紛争

戦争と利権に関しては、１９８２年に発生したフォークランド紛争にも触れておきたい。

これは冷戦期に、西側国家同士の間で起こった特異な紛争事例である。当時、英首相はマーガレット・サッチャー、米大統領はレーガンだった。

紛争の舞台となったフォークランド諸島は英国の植民地だが、本国から遠く離れた南米アルゼンチンの沖合に位置した。アルゼンチンはかねてこの島嶼《とうしょ》を「マルビナス諸島」と呼び、自国領だと主張してきた。

英国、アルゼンチン両国の間では、久しく利権関係を調整する交渉が進められており、一定の目途も付いていたが、軍事独裁政権を率いたアルゼンチンのレオポルド・ガルチェリ大統領が、「反植民地主義」の実行で支持率を上げようと１９８２年３月末、無謀にも侵攻作戦を発動した。

アルゼンチンに軍事的冒険を許した背景について、サッチャーは回顧録に次のように記している。


われわれは、友好国と敵対国のいずれからも、平和のもとで、いわんや戦争において、自らの国益を守る意思および能力を欠く国と見られるに至っていた。


これは当時の英国以上に、現在の日本に当てはまる言葉かもしれない。

米国も英国も集団防衛体制たるＮＡＴＯ（北大西洋条約機構）の一員だが、ＮＡＴＯは「欧州もしくは北米におけるいずれかの締約国の領域…または北回帰線以北の北大西洋地域におけるいずれかの締約国の管轄下にある島」を共同防衛の対象と規定しており、南半球（当然、北回帰線以南）にあるフォークランドは同盟条約の適用外である。

したがって、英国、アルゼンチン両国と友好関係を持つ米国は、自動的に英国側を軍事支援する道は取れなかった。

しかしソ連崩壊を最大の戦略目標とするレーガンとしては、盟友サッチャーが失脚する事態は何としても避けねばならない。

そのため、米軍が収集したアルゼンチン軍の動向に関する情報を提供するなど目立たぬかたちで英国を支援した。この間、ソ連は特段の動きを見せなかった。アルゼンチン軍事政権が左翼勢力を弾圧していたため、動きようがなかったと言える。

結局、英遠征軍の反撃によりアルゼンチン軍は撤退を余儀なくされ、ガルチェリは失脚、無謀な戦争の責任を問われ、国内の裁判を経て収監された。

現在、習近平は尖閣諸島を、ガルチェリがフォークランドを見たのと同じ目で見ているのかもしれない。中国に「アジア版フォークランド紛争」の誘惑を起こさせないよう、日本は抑止力を不断に高める必要がある。

そのためには、日米首脳間にレーガン―サッチャー間のような太い盟友関係がなければならない。トランプと安倍の間にはそれがあった。いまはどうか。大いに心もとない。

レーガン・サッチャー・ローマ法皇包囲網

ソ連崩壊を実現するに当たって、ポーランド出身のローマ教皇ヨハネ・パウロ2世が果たした役割も見逃せない。

第二次大戦以来、ポーランドは実質的にソ連の占領下にあったが、1980年8月、レフ・ワレサ率いる独立自主管理労組「連帯」がストライキに入り、共産党政権に公然と反旗を翻した。数カ月後には、ソ連を「悪の帝国」と規定するレーガンが米大統領選で勝利を収める。

共産主義は一種の宗教であり、カトリックとは「宗教利権」を争う関係でもある。ポーランドは国民の98％がカトリック信者で、ソ連からの解放を願う人々にとって、自国出身のヨハネ・パウロ2世は精神的支柱であった。1979年6月の教皇によるポーランド訪問はワレサらの運動に大いにエネルギーを注入した。この後ヨハネ・パウロ2世は、レーガンやサッチャーと様々なかたちで連携していく。

米国では、労働組合の総本山であるAFL—CIO（米国労働総同盟・産業別組合会議）

も、ポーランド「連帯」の支援に深く関与した。

「連帯」は広く主張を伝えるため、秘密裏にビラを印刷し散布したが、印刷機やインク、紙の調達にはかなりの費用が掛かる。危険を冒してそれらをポーランド国内に運び込むエージェントにも報酬を支払わねばならない。ＡＦＬ—ＣＩＯはこうした活動に資金を提供した。陰に陽に、レーガン政権と連携したのである。

ひるがえって日本の労働組合には、ソ連圏を崩すために活動するという意識は非常に希薄だった。日教組のように一時期北朝鮮を露骨に礼賛した労組まである。１９７３年に北朝鮮を訪れた槙枝元文日教組執行委員長は次のように語った。

金日成主席は大衆の心を大切にした偉大なる人だ。この国は共産主義経済理論を徹底的に教育し、自覚的に労働意欲を高めている。生活必需品はべらぼうに安い。したがって生活の不安は全くないから、この国には泥棒もいないし警察官もいない。

日本人が多数、北朝鮮に拉致されていたことも考え合わせれば、その意識の低さに呆れざるを得ない。日教組は明確な総括が必要だ。

ソルジェニーツィン訪米と「デタント利権」

もう一人、ソ連圏内部における冷戦の闘士に言及しておきたい。

1974年、ソ連は、抑圧体制の悪を追及してきた作家のアレクサンドル・ソルジェニーツィンを逮捕、「国家反逆罪」により市民権を剥奪した上、国外追放とした。ノーベル文学賞受賞（1970年）など国際的な名声ゆえに、ソ連当局としても処刑や「獄中死」といった手段は取れなかった。

翌1975年、ソルジェニーツィンが米国を訪れた際、ある「事件」が起こった。労組の全米組織AFL―CIOが彼を招いてワシントンで催した歓迎夕食会に、当時のフォード大統領（共和党）が招待を受けたにもかかわらず、欠席したのである。

「なぜ遠来の自由の闘士にひと言、ねぎらいと連帯の言葉を掛けないのか、米国に対する失望を世界に生むのではないか」との質問に対し、ホワイトハウス報道官は「大統領は日程を組むに当たって『実質』を重視する、ほかに重要度の高い公務があった」との趣旨を答えた。

これに対し、同じ共和党のレーガン（翌1976年の大統領予備選に、現職のフォードに反旗を翻して出馬）は、「実質に関して言えば、大統領は最近、バージニアの『イチゴの女王』や『綿花の乙女』と会っている」と揶揄している。

直後に、キッシンジャー国務長官兼安保補佐官が大統領に宛てたメモがすっぱ抜かれ、波紋はさらに広がった。メモには、歓迎会出席はソ連指導部に不快感を与え、「政治的に好ましくない」というキッシンジャーの言葉があった。

「不快感」はキッシンジャー自身のものでもあった。米国はデタント（緊張緩和）と称して食糧やテクノロジーを供与しソビエト体制を延命させていると、ソルジェニーツィンはキッシンジャー流の平和共存政策を常々非難していたからである。

なお、共産主義は根本的に非人間的、非道徳的だと主張するソルジェニーツィンは、西側の左翼一般からも煙たがられており、冷遇しても、総じて左寄りの主流メディアは問題にしないとの計算もキッシンジャーには働いたろう。

しかし、保守派の反発はフォード政権の予想を超えた。米国の伝統に泥を塗る恥ずべき対応だとする批判の高まりを受け、フォードは、2週間後、作家が望むなら会う用意があるとの意向を示したが、今度はソルジェニーツィン側から、政府当局者に会ってもらうために米国に来たわけではないと肘鉄を喰らった。

一連の不手際は、保守派のフォード離れを加速させ、ほどなくスタートした大統領選でフォードが、まず党内予備選でレーガンに肉薄を許し、次いで本戦で「人権外交」を掲げるカーター（民主党）に敗れる一因となった。

そのカーターが掲げた「人権外交」も結局、掛け声倒れに終わり、本格的なソ連打倒戦略の展開は1981年のレーガン政権誕生を待たねばならなかった。

第2章

「独裁者の戦争」と国際利権

ロシアの領土利権を抑え込んだトランプ外交

トランプ第一次政権の時代、ロシアは東欧や中央アジアにおける露骨な軍事行動を控えていた。プーチンを抑制するのは幻想に過ぎないと言う人もいるが、トランプの場合、実際できていた。

プーチンについて、トランプ政権の国務長官を務めたマイク・ポンペオは回顧録で、「プーチンは冷酷で身勝手な大ロシア主義者だ。その点、昔から何も変わっていない。変わったのは彼のリスク計算である。アフガニスタンから最も恥ずべきかたちで潰走した弱いバイデンが米大統領の地位にある間が侵略の好機と考えた」と述べている。

プーチンはチャンスがあれば、近隣諸国の領土をロシアのものと定義し、奪いにくる。ロシアのエリートの利益を最大化するためなら、躊躇なく動く。人権や国際法には何の関心もない。

トランプ前後の時期を振り返ると、2008年にロシアはグルジア（現ジョージア）に侵攻した。米国のブッシュ政権最後の年であり、イラク戦争の泥沼化を受けて2006年の中間選挙で共和党が大敗、政権がレームダック化していたことが背景にあった。

ハードライナーで鳴らした国防長官のドナルド・ラムズフェルドが、選挙敗北の責任を取らされるかたちで解任となり、ブッシュ政権は機能不全に陥っていた。その状況をチャンスととらえたプーチンが、かつてソ連に属していたグルジアの一部地域を再併合すべく侵攻したのである。その後、バラク・オバマ政権になると、プーチンは２０１４年にウクライナ領クリミア半島の併合を敢行した。

しかし、続くトランプ政権の４年間、プーチンは同様の軍事行為に出なかった。ところが２０２１年に政権が「弱い」バイデンに替わるや、極めてあからさまなウクライナ侵攻に出た。ファクトとして、トランプが大統領の間のみ、プーチンは侵略行動を控えた。

トランプは自身の「予測不能性」を戦略的に用い、米国を甘く見るような行動は、相手が誰であれ抑止すると公言していた。

相手が寝首をかくような行為に出てきた場合には、皆が見ている前で徹底的に叩き伏せ、「トランプをだまそうとすると、あそこまでの目に遭うのか」と周知徹底させるというのが、彼の路上哲学である。一言で言えば、「なめた真似には10倍返し」となる。

一方でトランプは、どのような相手ともディール（取引）の用意があるとしており、プーチンとの関係においても例外ではなかった。

トランプのこうした交渉手法は、彼のビジネス経験から生まれたものである。トランプの父フレッド・トランプもやはり不動産開発・建設業者だったが、米海軍の公務員宿舎の建設や、中古アパートを建設・購入して貸し出すなど比較的地味なビジネスをしていた。トランプ自身も不動産の世界での成功を目指し、ペンシルベニア大学ウォートン校に入学した。ビジネススクールの名門である。

彼は学生時代、友人たちが遊んでいる間も、新聞の不動産取引欄をじっくり読み、価格動向や取引情報を研究することに没頭したという。それが彼にとっての趣味であり、最良の「授業」であった。その意味で、非常に熱心な学生であった。

大学で経済学の学士号を取得した後、トランプは父親の不動産会社で働き始めた。その間、研修の一環として、父親が所有する賃貸アパートで家賃滞納者の取り立てに行かされたこともあった。「取り立てのプロ」が教師役で同行した。

そのプロは年配の男性で、アパートに入って行って家賃滞納者の部屋のドアをノックするや、素早い動作で横に移動した。トランプが何のことか分からず、ドアの正面に立ったままでいると、プロは、「早くこっちへ来い。ドアを開けた相手にいきなり撃たれることがあるんだ」と言った。

トランプはその時、「自分はこういう商売で生きていきたくない、富豪相手のマンション事業などもっと安全で、大金が動く仕事をやりたい」と痛感したという。その結果が、「トランプタワー」に代表される恐ろしく派手な大型プロジェクトである。

しかし、若き日の彼には、いきなり巨大ビルを建てる資金も信用もない。スタートは、ニューヨークの中心部マンハッタンの地上げ屋である。細かく分かれた土地を買い集めて広い土地にまとめ、高価な不動産として売却したり、ビルを建てたりする仕事だった。

スムーズに事を動かすためには、ニューヨーク市の当局者や議員、地元有力者だけでなく、裏社会の人間とも関係を作る必要がある。トランプが買いに入ったという噂が広まると値段をつり上げられる。それを避けるには、話を素早くまとめねばならない。事業活動の初期から、闇の紳士らとの交渉や調整が日常茶飯だったわけである。こうした経験を重ねることで、裏の圧力も含めたきれいごと抜きのディールが彼の体質となった。

したがってトランプは、プーチンや金正恩のような国際的なアウトローとにこやかに握手し、取引話をすることに何の抵抗も感じない。議会や官僚機構の世界で生きてきて、マスコミや有権者の目を常に気にする政治家なら、考えるまでもなく忌避するような破天荒な外交も平気でできる。

かつてソ連の情報機関KGB（国家保安委員会）の工作員で、顔色一つ変えず冷酷非道な行為に及べるプーチンについても、トランプにとっては、昔よく相手にした裏社会の人間の一人ぐらいの認識だろう。「仲良くする」ことに倫理的な問題など感じない。彼自身のバックグラウンドに照らせば、相手が「よいディールができるよいビジネスマン」かどうかが全てなのである。

ウクライナ侵攻に関してトランプは、プーチンに対する露骨な批判を避けてきた。これは、「米国の調停によって戦争を早期に終わらせるには、プーチンとビジネスライクな直接交渉をするしかない」との発想に基づいている。

トランプはその姿勢で、大きなビジネスをまとめてきた。舞台を国際政治に移しても、事の本質は変わらないとの確信を有している。実際、第一次トランプ政権の4年間、プーチンは、周辺諸国に対する露骨な領土侵略を避け、良好な米ロ関係から利権を得るのを基本として動いていた。もちろん、ウクライナに特殊部隊やスパイを浸透させ、ロシアに有利な方向で情勢を不安定化させるといった工作活動はやめなかった。

その後、米国が意志薄弱なバイデン政権に替わると、プーチンはここを先途とばかり、乱暴なウクライナ侵略作戦に出た。

かつてソ連に編入されていたウクライナは、1990年代初頭のソ連崩壊に伴い、独立国となった。しかしプーチンの見解では、ウクライナなどという国は存在せず、東半分はロシア、西半分は雑多な東欧諸民族が住む土地ということになる。ウクライナに取り残された多くのロシア系住民を母国の懐に抱くのはロシア大統領の責務であり、隙があるのに行動しないのは許されないという論理である。

米国の保守派は、「トランプが大統領を続けていれば、プーチンはあのような侵略をしなかった」と言う。筆者はこの主張には十分な根拠があると考えている。

まず、バイデン政権がアフガニスタンからの潰走で腰の弱さと無能ぶりを世界に見せつけたことが、明らかにプーチンを鼓舞した。さらに、バイデン民主党の脱炭素原理主義と対イラン宥和外交も事態の暗転に関わりがある。

再エネ利権の偽善性がウクライナ侵略を誘発

トランプは脱炭素原理主義を、単なる左翼イデオロギーで、国力を損なう誤謬《ごびゅう》と考えており、米国の地下に豊富に眠る石油、天然ガスの開発に積極的に当たった。そのためトランプ時代の米国は世界最大の産油国となり、石油の輸出国ともなった。

企業は競争に勝つため、テクノロジー開発を通じたエネルギーの効率利用を進める。そのことで自然にCO_2の排出量も減る。それ以上に脱炭素を強要し、米国企業の体力を弱め、国際競争力を落とすなら、CO_2のみならず有害物質の排出を気にしない中国企業の製品が世界を席巻し、かえって地球環境にもマイナスの影響を及ぼす。これは実態に即したとらえ方である。

実際、国際エネルギー機関（IEA）の報告書によると、一般の印象と異なり、トランプ時代の米国は、CO_2排出削減の絶対量で世界一位となっている。

ところがバイデン政権になって、愚かにも脱炭素原理主義の方向に転じ、米国は再び石油輸入国に転落した。ロシアから最大20％近い石油を輸入することになった。ドイツなど欧州諸国だけでなく米国も、エネルギー供給の一部をプーチンに頼る結果になったのである。

ロシア産石油の購入をやめれば、米国自身の経済に悪影響が出る。ウクライナ侵略に出ても、米国は対ロ制裁を発動できないとプーチンが読んだとしても不思議はない。トランプ政権が続いていれば、ウクライナ侵攻はなかったと見る理由の一つがここにある。

バイデン政権はまた、ロシアからドイツにパイプラインで天然ガスを供給する「ノルドストリーム2」計画の完成にゴーサインを出した。トランプ政権がストップを掛けていたものである。

その結果、原発ゼロ政策で自ら電力不足を招いていたドイツは、ますますロシアからのエネルギー供給に依存するかたちとなった。プーチンとしては、ドイツもまたロシアに対して制裁などできないと踏んだだろう。反原発イデオロギーを伴った「再エネ利権」が、プーチンのウクライナ侵略を誘発したもう一つの要因だったと言える。

「脱炭素」原理主義者バイデン外交の失敗

この点をさらに掘り下げてみよう。

戦争とエネルギー利権は密接に関係する場合が多い。脱炭素原理主義に迎合したバイデン政権は、石油産業を、地球環境を破壊して恥じない「悪魔の産業」と規定した。

米国内のシェールガスやシェールオイルの掘削にさまざまなハラスメント規制を掛けるだけでなく、金融機関に対して、石油産業への融資を控えるよう「行政指導」を強めた。その一方、再エネ産業には採算を度外視してでも投資を拡大するよう政治的圧力を掛けた。同時に、税金が原資の補助金を「アメ」として配った。

この過程で、太陽光や風力発電にまつわる再エネ利権が膨らんでいった。ちなみに、特に菅義偉政権以来、日本もほぼ同じ状況にある。

そのため、米国内の石油産業だけでなく、サウジアラビアのような産油国における新規の油田開発にも支障が生じるようになった。ところで、ドルが国際通貨の地位を維持しているのは、石油取引の決済にドルを用いるサウジアラビアの協力によるところが大きい。

しかしバイデン政権の反石油政策に怒りを強めたサウジアラビアは、見せしめの意味もあって、ロシアや中国に接近した。これもプーチンに、ウクライナに侵攻しても国際制裁はない、あるいは軽微にとどまると思わせた要因だろう。

バイデンの迷走はさらに深刻の度を増していく。核開発や人権抑圧、反米策動を理由にトランプ政権が徹底した制裁を掛けていた産油国のイランやベネズエラに対して頭を下げ、石油の増産を依頼したのである。きれいごと好きのリベラルが推進した脱炭素原理主義の行きつく先が、ファシズム国家に石油増産を頼み込み、それら抑圧体制の財政を豊かにするという倒錯だった。笑えぬ冗談と言うほかない。

さらにあろうことか、トランプ政権が離脱したイラン核合意（後述）への復帰を模索したバイデン政権は、イランに直接交渉を拒否されたため、窮した挙げ句、イラン・ファシズム政権と盟友関係にあるプーチンに間接交渉の仲介役を依頼した。

これも、ウクライナ侵略に出ても、米国は強い対応を取れないとプーチンに思わせる追加材料となったはずである。

以上、縷々《るる》述べたさまざまな利権状況を考えると、トランプが大統領に留まっていればプーチンのウクライナ侵略はなかった、少なくとも可能性は非常に小さかったと見るのが自然だろう。

中ロの接近阻止を狙っていた安倍外交の手腕

ロシアのウクライナ侵攻と、それに続く自由主義圏の対ロ制裁発動によって、ロシアは中国、北朝鮮、イランとの関係を深め、これら4カ国を中心とする「新・悪の枢軸」が力を増すことになった。バイデンの大なる負の遺産である。

かつて安倍晋三首相は、プーチンとの直接会談を30回近く行った。２０１４年のクリミア併合により、ロシアはそれまで参加を許されていたG８（主要8カ国会議）から放逐されたが、安倍はロシアを自由主義圏から完全排除してはならないと考えた。

プーチンを孤立に追い込み、中国に接近させるのは賢明ではない。それは日本の国益に反する。プーチンと個人的会談を重ねた安倍の脳裏には常に「中ロ離間」があった。

ロシアがLGBTを法的に認めない国内法を制定したことを理由に、ほかの先進国首脳が欠席した2014年のロシア・ソチ冬季五輪の開会式にも、安倍は出席した。ロシアがクリミア半島を併合する直前だった。

プーチンとの交渉において安倍は、もちろん北方領土問題の解決も目指したが、その背後には「中ロ離間」という大きな戦略的発想があった。この対プーチン姿勢における共通性も、安倍とトランプの馬が合った理由だろう。

残念ながら、バイデン政権の発足と、続く安倍の死によって、日米の対ロシア外交は羅針盤を失い、ただ状況に流されるだけとなった。

米・イラン交渉からみえるエネルギー利権

米国とイランの関係では、オバマ時代の2015年に締結されたイラン核合意をめぐる動きが重要である。この合意は、米国、英国、フランス、ドイツ、ロシア、中国、イランの7カ国で結ばれたが、非常に甘い内容であった。

当初の目的は、イランに核兵器開発を放棄させることだったが、オバマ政権が妥協を重ねた結果、スピードは若干低下するもののイランに核活動の継続を許すかたちとなった。

高濃縮ウラン型原爆の原料となる核分裂性のウラン235は、天然ウラン中に0・7％しか含まれていない（大部分は同位体のウラン238）。原爆の材料にするには90％以上まで、ウラン235の比率を高める（＝濃縮する）必要がある。しかしウラン235とウラン238は物質としての性質が同じであるため、化学的方法では分離できない。そこで両者のわずかな質量の違いを利用して、遠心分離機にかけて濃縮する。

イランはこの遠心分離機を大量に保有していた。多国間交渉の当初の目標は、そのすべてを破壊ないし国外に搬出させることだった。ところが最終的に、約5000基の遠心分離機は運転継続を認めることになった。残りの7000〜8000基についても運転は休止するもののイランが保有し続けてよいとした。

パキスタンが核兵器を作るのに要した遠心分離機は3000基だった。イランに5000基の運転を認めるとは、核兵器開発の継続を許すと同義である。また合意には項目ごとに10年ないし15年の期限が設けられており、期限が過ぎればイランは保管しておいた遠心分離機も稼働できる。十数年後には、一切の制約なしに核開発を加速できるわけである。ちなみに、今年2025年がその「10年後」に当たる。

米側の交渉当事者たちは、「イランが核兵器獲得を目指しても、1年は掛かる状態を少なくとも10年間維持できる」と複雑な言い方で弁明してきたが、合意の最高責任者であるオバマ大統領自身、「合意から13、14、15年後には、イランが核兵器所有に要する時間はほぼゼロになる」と単なる時間稼ぎに過ぎない旨を認めている。

すなわち、「イランが仮に合意を守っても十数年後には核兵器を持てる内容」（トランプ第一次政権で安保補佐官を務めたジョン・ボルトンの主張）なのである。

一方、このイランの中途半端な「譲歩」に対し、経済制裁の相当部分が解除されることとなった。これがイラン核合意の実態である。

トランプはこれを「史上最悪のディール」と強く批判し、イラン核合意から離脱した。そして、イランに徹底した制裁を科す方向に転じる。トランプ周辺はイランを「テロの中央銀行」と呼び、ハマスやヒズボラなどへの資金供給を断つためにも、金融制裁が必要との立場をとってきた。

米国の力の源泉は突きつめれば軍事力と金融力である。イランから石油を購入する第三国に対しても、トランプ政権は金融制裁を科す方針を採り、実際、イランとの石油取引に関与していた中国の中堅金融機関を制裁対象とした。

金融制裁は主に、米国の金融機関に口座を持たせないというかたちをとる。石油の国際取引は基本的にドルで行われるため、ニューヨーク金融市場でドル決済ができなければ、その銀行は貿易業務に携われない。預金を置いていても使えない銀行に対し、国際取引を行う企業は「静かな取り付け騒ぎ」を起こすことになる。経営破綻を恐れる銀行は、当然イランとの石油取引から手を引くに至る。

こうしてトランプ政権下、中国はイランからの石油輸入を停止した。イランの財政は悪化の度を加えた。

しかし、バイデン政権に替わると一転、イランに宥和政策で臨み、その一環として、効果を上げていた金融制裁を中止した。それでも、米国がテロ支援国家指定を解かないイランから石油を買う国は限られているため、「数少ない顧客」である中国はディスカウント価格での購入が可能になる。中国は早速、イラン産石油の輸入を再開した。

安くイランから石油を調達した中国企業は、その分コストカットでき、国際競争上有利になる。そうした中国企業と提携している米国企業にも恩恵は及ぶ。これら企業は当然、自らの利権を守り、増進するため、「イランに対する制裁をさらに緩め、中国が後顧の憂いなくイラン産石油を買えるようにしてほしい」と政権や政界に働きかけるだろう。

実際、バイデン政権下において、イラン産石油の3分の2が中国向けという状況が生まれた。バイデン政権の対イラン宥和政策の背後には、こうした「エネルギー利権」をめぐる蠢《うごめ》きがある。

イラクのクウェート侵攻目的は石油と港湾

少し時代を遡るが、以下、中東の石油利権をめぐる争いについて見て行こう。

1990年8月、イラクがクウェートに侵攻した。豊富な油田を持ち、また良質な積み出し港を有していたクウェートの併合を図ったわけである。非常に明らかな侵略だった。

中東の産油国と言えば、サウジアラビア、イラン、イラク、クウェートなどがまず頭に浮かぶ。イラクは相対的に、それほど好油田に恵まれているわけではない。1980年から約8年続いたイラン・イラク戦争の結果、当時、イラクの財政は危機的状態にあった。

サダム・フセイン大統領は、「クウェートはイラクの19番目の州」と主張したが、これはサダムの独創ではなく、従来からイラクの各政権が主張するところであった。

クウェートは「石油に浮かぶ国」と言われるぐらい、面積は小さいが石油確認埋蔵量が世界第4位の大産油国である。イラクはクウェートにかなりの戦時債務（借金）があった。

これを踏み倒すのも、サダムが侵略、併合を決意した動機の一つであった。

さらに、イラクとクウェートは国境をまたいで大型油田を共有していた。サダムは、イラクがイランとの戦争に忙しいのを奇貨として、クウェートがイラク分の石油まで吸い上げていた、盗掘集団だとの批判も展開した。現在では、この油田から出る石油は両国の間で均等分配されている。

サダムのクウェート侵攻は、自由主義圏にとって座視できない問題であった。サダムがクウェートを併合すれば、中東石油を外部世界に運搬するルートの起点たるペルシャ湾は、東からイスラム・ファシズム政権のイランに、西から暴虐な独裁政権のイラクに挟まれる格好になる。これは、いつ何が起こるか分からない悪夢に近い状況である。

自由世界の盟主米国としては、当然サダムのクウェート侵攻を黙認するわけにはいかない。クウェートからの撤退を拒否するイラクに対し、当時のジョージ・H・W・ブッシュ（ブッシュ父）大統領は、米軍を中心に34カ国からなる多国籍軍を結成。1991年1月17日、クウェート駐留イラク軍に対する攻撃を開始、湾岸戦争が勃発した。崩壊間近の状態にあったソ連のゴルバチョフ大統領も、外交的計算から多国籍軍の行動を支持する。

特に妨害する勢力もない中、多国籍軍は比較的速やかにイラク軍をクウェートから駆逐することに成功した。勢いに乗じて、フセイン政権打倒まで進むべきとの議論もあったが、穏健派のブッシュ父大統領は、戦争目的は達せられたとして兵を収めた。そのため、無謀な侵略の責任者であるにもかかわらず、フセインは政権の座にとどまることになる。

戦後、米軍がイラクの核疑惑施設に対して行った査察の結果、イラクが遠心分離機を用いたウラン濃縮を相当進めていた事実が明らかになった。

イラクの核開発はまだ初期段階にあるという米国情報機関の見方は間違っていたわけである。批判に晒されたCIAは、その後、逆に過大評価の方向に傾いていくことになる。

利権よりも誇りのためにフセイン政権を打倒

2001年9月11日、米国で同時多発テロが発生した。ニューヨークの世界貿易センタービル2棟（ツインタワー）と首都ワシントン郊外の国防総省（ペンタゴン）が、自爆テロによって全壊または半壊の被害を受け、多数の犠牲者が出た。特に火に追われて高層ビルの窓から「死のダイビング」をする市民の映像は世界に衝撃を与えた。

4機目のハイジャック機はホワイトハウスや議事堂を狙っていたとされるが、乗客たちが決死の行動で阻止し、ペンシルベニア州の野原に墜落した。コクピットに突入する際、乗客の一人が発した「さあ行くぞ（Let's roll）」という言葉は、対テロ作戦に向かう米軍兵士たちの合言葉にもなった。

乗っ取った航空機をミサイルに、燃料を爆弾に変えた新手のテロを実行したのは、オサマ・ビンラディン率いるイスラム原理主義組織アルカイダだった。アルカイダとイラクのサダムが密接に連携しているという証拠は乏しかったが、サダムは愚かにも、アルカイダの対米テロを称賛するという行動に出て、米国世論を激昂させた。

サダムは中東各地のテロ勢力に資金援助を続けていた。またこの時期、イラクの核開発が急速に進行しているとの報告が、米国情報機関から出されてもいた。アルカイダ壊滅作戦に続いてサダム打倒作戦をという声が米国内で相当程度高まったのも無理はない。

慎重論も議会内外に少なからずあったが、ブッシュ大統領にとっては、サダム打倒は父の大統領がやり残した仕事でもあった。

２００３年３月20日、米軍に英豪軍なども加わった「有志連合」による対イラク攻撃作戦が開始された。今回は、はっきりサダムの無力化を掲げた戦争だった。

サダムの排除（米軍による逮捕後、イラク国内の裁判で死刑）は達成されたが、米軍に対する抵抗活動はなかなか収まらなかった。路肩爆弾などで米兵に死傷者が出続け、平定戦は泥沼化の様相を呈した。

しかも、開戦前の米情報機関の見方に反して、サダムによる秘密核開発が進んでいる確たる証拠は見つからなかった。湾岸戦争の場合とは逆の方向に振り子が振れすぎたかたちで、やはり米情報機関は分析・評価を誤ったわけである。

イスラエル一貫支持のロバート・ジュニア

中東の地域大国で、イスラム教の聖地メッカを抱え、大産油国でもあるサウジアラビアの安定は自由世界にとって大きな関心事である。サウジは一貫して、基本的に米国、日本を含む自由主義圏と友好関係を保ってきた。イラン・ファシズム政権を共通の敵とする点で、とりわけトランプ政権とは近い。近年、イスラエルとの関係も大きく改善した。

しかしさまざまな問題も抱えている。米国の中枢部を襲った同時多発テロの首謀者オサマ・ビンラディンは、サウジアラビアの富豪の息子だった。そのためテロの温床として同国を批判する声は米国内で小さくない。また独裁的な世襲政権が続いていて民主制とはほど遠く、宗教警察（ムタワ）による、特に女性に対する人権抑圧がしばしば問題になる。

そのため、中東で唯一自由民主制が根付き、テロとの戦いで最前線に立つイスラエルとの関係が、自由主義圏にとっては、やはり非常に重要になる。ところが先進自由主義国の左翼においては、イスラエルを非道な虐殺国家と非難するのが一般的となっている。

一方、米国の保守派は、イスラエルの軍事行動を、ほとんどの場合、正当な自衛権の行使として強く支持し、軍事支援の継続および拡大を主張する。

そのイスラエル支持派の中にロバート・ケネディ・ジュニアがいる。第二次トランプ政権で保健福祉省長官に就任した。彼はもともと左翼的な環境弁護士だったが、反ワクチン活動家としても名を馳せ、左右の原理主義を併せたような特異な人物である。

2024年の大統領選挙では、当初民主党の予備選で現職のバイデンに挑戦したが、党の「選挙干渉」に怒りを募らせ、選挙戦を打ち切るとともに、トランプ支持に回った。

ジョン・F・ケネディ大統領やロバート・ケネディ司法長官（いずれも暗殺）、キャロライン・ケネディ駐日大使らを輩出した民主党の名門ケネディ家の出身だが、いまやロバート・ジュニアは一族内で背信者扱いされている。その一つの理由が、彼の全面的なイスラエル支持である。

イスラエルは、2023年10月7日の大規模テロ事件以来、実行組織ハマスが人質を全て解放し、テロ行為をやめない限り、掃討作戦を続けるとしてきた。結果として一般住民に犠牲が出ても、それは彼らを「人間の盾」としたハマスの責任との立場である。ロバート・ジュニアは、保守強硬派議員顔負けのはっきりした物言いで、イスラエルのあらゆる軍事行動を「自衛のための行動」と擁護してきた。

バイデン政権は、イスラエルをジェノサイド国家と呼んで非難する、国際左翼勢力の議論に迎合し、イスラエルのハマス掃討作戦にブレーキを掛けるような言動にしばしば出た。これをロバート・ジュニアは公然と批判し、ガザの一般住民に被害が出ているというなら、それこそまさに、高性能の精密誘導兵器をイスラエルに大量供給すべき理由になると論じた。左派からは激しい批判を浴びたが、ロバート・ジュニアは全く動じない。

リベラル派のシンボルというべきケネディ家からこういう人が出たのは非常に興味深い。日本では全く報じられない論点も多いので、米国への理解を深めるためにも、彼の言動は、賛否は別にして、注視すべきだろう。

共和党票田エヴァンジェリカルの宗教利権

トランプ大統領は、脱炭素原理主義に一切顧慮することなく、米国内の石油、天然ガスを「掘りまくる」(Drill, baby, drill) と宣言している。

第一次政権時の実績に照らしても、米国は再び世界最大の産油国さらには輸出国となり、ペルシャ湾岸で紛争が起こって中東石油が途絶しても、自国のエネルギー供給に関する限り何ら心配ない状態となるだろう。したがって、その分、中東に対する関心が低下しても不思議はない。

しかし、簡単にそうならない理由の一つとして重要なのが、米国の人口の約4分の1を占めると言われる「エヴァンジェリカル（福音派キリスト教徒）」の存在である。彼らの多くはトランプの熱心な支持者である。エヴァンジェリカルは、生まれ変わり（Born again）体験を重視する。放蕩《ほうとう》に明け暮れた人物がある時、神の啓示を受けて自らの行状を強く反省し、キリストとともに生きていこうと決意する、といったかたちである。

ブッシュ（長男）大統領もその一人で、鬱屈を抱えた酒浸りの生活を送っていたが、突然神の啓示を受け、次の日から酒を一滴も飲まなくなったという。

米国のエヴァンジェリカルは主に保守派で、投票率が非常に高い。そのため、彼らが多い地域では、共和党の政治家はその動向に気を使わざるを得ない。エヴァンジェリカルは総じてイスラエルの「テロとの戦い」を強く支持する。

その背景には、エヴァンジェリカルの聖書解釈がある。旧約聖書によれば、パレスチナは神がユダヤ人に与えた地であり、ユダヤ人がここに地歩を築かなければ、イエス・キリスト復活の前提条件が整わない。キリスト復活が掛かっているだけに妥協の余地はない。

キリスト教徒とユダヤ教はもちろん別宗教で「宗教利権」を争う関係でもあるが、イスラム・テロ勢力がユダヤ人中心の国家イスラエルを破壊することは、福音派クリスチャンにとって許せない事態なのである。エヴァンジェリカルの支持を重視する共和党の議員や大統領が、ほぼ全面的にイスラエル側に立つ理由の一つがここにある。

加えて、イスラエル政府や議員たちは、米国の政界はじめ各界各層へのロビー活動を活発に行う。「米国と一体に近い関係を維持しなければ国の存続が危ない」という意識がある以上、当然であり、日本の対米働きかけの、おそらく数百倍、数千倍の活動量だろう。

韓国はクリスチャンが多い関係で、日本に比べ、エヴァンジェリカルとの関係を作りやすい。日本では「ユダヤの陰謀」ですべてを説明する怪しげな本がしばしばベストセラーになるが、米国の国内政治や外交における宗教要因により真摯に目を向ける必要がある。

第3章

「日本」を破壊する利益団体

財務省・自民党の増税路線で日本経済が低迷

筆者が所属する日本保守党は「日本を豊かに、強く」というスローガンを掲げている。米国でも2025年1月に発足したトランプ政権は、「米国第一」「米国を再び偉大にする」を標語にしてきた。

国境を超えて戦闘的保守派が共通の「敵」と認識するのは、リベラルなイデオロギーを掲げる利権集団である。官僚機構も多くの場合、そうした利権集団の一部である。こうした集団は、企業と違って自力で稼ぐ手段を持たないため、常に増税を画策する。そのため、少しでも警戒を緩めると、国の経済全体が活力を奪われ、国民の生活水準も低下する。

そこで本章では国内の政治情勢に視点を移し、日本の弱体化を生んできた利権集団たるディープステート（闇の政府＝独善的で頑なな官僚機構を中核とする勢力）の動きを具体的に見ていく。

国を強靭化し、一般庶民の生活を底上げするには、経済を健全なかたちで成長させねばならない。そのための王道は、減税と規制改革を通じて経済を活性化させることである。税率を下げても、それが経済成長につながれば、財政的にも自然増収が生じる。減税と軍備の強化は両立する。米国のレーガン政権が実証したとおりである。

しかし、減税には財務省を裏の司令塔として大きな抵抗がある。日本の場合、安倍首相後の自民党は完全に財務省のコントロール下にある。

たとえば、ガソリン税である。これは近年国際的に、「地球温暖化対策」といった美名のもとに提示されることが多い。「ガソリンを消費すると、その分炭素の排出が増えて地球に害をもたらす。気候変動危機が進行する中、税率を上げてガソリン消費を抑えるべきだ」といった理屈で増税が正当化される。「気候変動対策という国際的義務を果たすための増税」というわけである。

日本の場合ガソリンに掛かる税金は、石油石炭税、ガソリン税本則分、ガソリン税上乗せ分（旧暫定税率）、消費税から成っている。このうち「上乗せ分」は、法律上、全国平均でガソリン価格が3カ月連続で160円超となれば課税停止することになっているが、停止措置を「凍結」して下げない「違法状態」を続けてきた。

加えて、ガソリン消費税は、右記諸税を含めた「ガソリン代」全体に掛ける仕組み（税金に税金を掛ける二重課税）となっていて、そもそも税理論の基本に反している。

近年、ガソリン自体の価格が高騰し、ガソリン減税どころか、「課税停止」すべき上乗せ分の増税を続けている上に、消費増税までしている状態である。ふざけ切った話というほかない。減税でガソリン価格を下げれば、物流コストが下がり、その分、物価全般を低下させ、間違いなく消費が活発化して経済成長につながる。それゆえ日本保守党は、「ガソリン減税で物流コストを下げ、経済を活性化させよ」と主張してきた。

ところが与党自民党では、高市早苗や小林鷹之など自称保守派も含め、声を上げて闘う議員が一人もいない。まだ自民党に期待する人がいるのが不思議である。

財務省は体質的に、「均衡財政」を金科玉条視する。単年度で国庫収入と支出を一致させなければ財政破綻を招く、それゆえ、ある部分で減税措置を取るならば、同時に別の部分で増税措置を取らねばならないと主張して、あらゆる減税案を潰しに掛かる。財務省はこのイデオロギーの使徒と言ってよい。

いまでは減税が旗印と言える米国の保守派（共和党）も、1970年代までは、均衡財政を基本的な財政理念としていた。国債を発行（すなわち借金）して国の事業を進めるのは財政的に不健全とされ、収支を単年度で一致させることこそ保守の姿勢だとされた。

しかし、1980年代、ロナルド・レーガンが大統領に就任し、従来の共和党路線とは基本的に異なる立場を打ち出した。減税と規制緩和によって経済を活性化させれば、結果として自然増収がうまれ、財政面でもプラスが生じるという発想である。いまでは、静的でなく動的（ダイナミック）なこの考えが、共和党の正統路線となっている。

ところが日本ではいまだに、何らかの減税案が提示されるたびに、財務省およびその影響下にある政治家たちが「代替財源が見つからない。減税できる財政事情にない」と主張し、潰しにかかる。中長期的に見て、最大の財源は経済成長である。経済を活性化させる自信がないなら、政治家を辞めるべきだろう。

減税で、働くほどに可処分所得が増えるとなれば当然、人々の勤労意欲は高まる。「103万円の壁」や「130万円の壁」など働き控えを生んできた「税収第一」の制度を緩和すれば、経済活動が盛んになり、人々の消費が増え、GDP（国内総生産）が伸びる。その結果、自然増収によって財政も黒字になる。

財務省が抵抗するのは、組織の宿痾《しゅくあ》でいかんともしがたいとしても、経済成長を第一に考えるべき政治家がその尻馬に乗るのは言語道断であり、職務放棄というほかない。

増税路線を続ければ、庶民の生活が苦しくなるだけでなく、経済成長が阻害されて「自然減収」となり、財政も中長期的に悪化する。その穴埋めのためさらに増税となれば、日本経済は壊死する。いまの日本はまさにそうなりつつある。

財務官僚の天下り確保が最優先

近年、特に米国において、裏で国政を動かす闇の勢力「ディープステート（闇の政府）」といった表現をよく聞く。陰謀論的に語られる場合も多い。

ディープステートについて、筆者が最も建設的かつ本質的と考える定義は「独善的で頑なな官僚機構を中核とする勢力」である。

独善的とは、自分たちの官庁こそが国の正しい導き手であり、自らの勢力を極大化することが国家国民にとって最善とする発想を指す。頑なとは、言うまでもなく、批判に耳を傾けようとしない姿勢を指す。官僚機構はどこもおおむねそうだが、特に「カネ」の大本を握る財務省がこの姿勢を戯画的なまでに体現している。

財務省がディープステートの中核であるという認識は、いまや一般に広く行き渡ったと言える。財務省は予算配分を通じてほかの省庁にも影響を及ぼす。予算が付かなければ、多くの公的事業は実行できない。政治家は、選挙区や支援団体に予算を回してもらうため、財務省の意に沿おうと努める。宮沢洋一自民党税制調査会（税調）会長はじめ財務官僚出身で、財務省と一体となって動く国会議員も多い。

財務官僚の世界では、新たな増税枠組みの法案を成立させたり、既存の税の税率引き上げに成功したりすると、省内で「実力がある」と評価され出世につながる。増税で得た資金を用いて新たな財団や特殊法人を設立し、そこに高収入の天下りポジションを作ると関係する先輩、同僚から感謝される。

増税で「実力者」と評価され、財務省で高い地位に就くと、退官後に、天下り財団の役員職以外に、民間企業に迎えられて高収入を得る道も開ける。企業にとっても、財務省の現職に顔が利く実力者を抱えるメリットは大きい。政財官を通じた利権構造である。

財務省は財政健全化を掲げるが、そのために有効な、不要な特殊法人や財団の廃止には決して踏み込まない。天下り先が減るからである。

本来、減税実施には財源が必要というなら、無意味有害な政府機関や関連団体を廃止するのが王道のはずである。自分たちの天下り先確保のために庶民に重税を課し、減税を阻止していると言われても仕方がないだろう。

無駄な事業や政府機関の廃止に関しては、もちろん政治の責任が大きい。財務省も、自らの天下りに関係がないものについては、特に抵抗はせず、逆に賛成の立場で動く場合も多い。たとえば「男女共同参画事業」には年間9兆円以上もの予算が使われているが、無意味・有害な「事業」が数限りなくある。旧態依然たる左翼活動家に講演をさせ、無駄話の謝礼に税金から数十万円支払うといった馬鹿げた現象が全国いたるところで見られる。

自治体は予算を消化するため、無理やり男女共同参画に関連付けたイベントを実施しなければならない。そのために専従職員を雇うケースもある。誰も関心を持たず、自然に任せると会場に閑古鳥が鳴くため、地域の世話役が動員に走り回らされたという話も聞く。「自治会長さんに頼まれたから不承不承行ったが、予想以上につまらないどころかムカムカする話を聞かされ、気分が悪い」との声を、筆者自身、関係者から直接何度か聞いた。

年間9兆円以上の男女共同参画予算は、全額カットで何ら問題ないだろう。いったんゼロにした上で、どうしても必要と国民の多くが納得するものに限って復活させればよい。多分ほとんどないはずだ。「こども家庭庁」も廃止すべきである。それで浮く分の予算を減税に回した方が、子どもにとっても家庭にとっても間違いなくプラスになるだろう。

最強官庁の権力の源泉は「税務調査権」

財務省が「最強官庁」と呼ばれる理由の一つは、国税庁を内部組織として持っていることにある。国税庁は財務省から分離し、人事もそれぞれ独立させるべきだろう。でないと、増税に反対したり、財務省関係の天下り財団の廃止を唱えたりした政治家が税務調査で脅されるといった現象がなくならない。

大した申告漏れでなくても、選挙前に情報がメディアに流され、悪質な「脱税」であるかのごとく印象操作されて報道されると政治生命の危機につながりかねない。

「先生、税務署が関心を持っているようなので気をつけてください」などと財務省関係者に言われると大抵の政治家は、財務省批判を控えようという気になる。

財務省は、予算を優先的に回すという「アメ」と税務調査を行うという「ムチ」の両方を使って政治家をコントロールしようとする。少なくとも、政治的武器として使われる税務調査権は財務省から切り離さなければならない。国税庁が財務省から独立した組織になれば、政治家と官僚の関係もより正常化され、より健全な財政運営につながるだろう。

聖域化された自民党税調が実権を掌握

いまの日本には、様々な角度からの減税が必要だ。しかし、減税を受け入れさせられると、時の財務省の幹部は省内で戦犯扱い扱いされるため、必死の抵抗を展開する。

その動きと連携する政界における象徴的人物が、自民党税制調査会長である宮沢洋一議員である。筆者は実態に即して「増税会長」と呼んでいるが、税制に関する問題で宮沢に逆らえる議員はいまの自民党内に見当たらない。

1956年に税制改革特別委員会として発足した自民党税制調査会には、インナー（奥の院）と呼ばれる幹部組織があり、1980年代以降、彼らが密室談合で事を動かす傾向が強まっている。税制に関しては首相もうかつに口出しができない「聖域」と化している。インナーの中心になっているのは財務省（旧大蔵省）出身の議員たちである。

「若手保守派のホープ」として2024年の自民党総裁選にも出た小林鷹之もメンバーだが、たとえば国民民主党が唱えた「103万円の壁」引き上げ問題で、頑なに抵抗する宮沢に対して、「この程度の減税措置は飲むべきだ」と意見具申し、闘った、といった話は全く聞こえてこない。ちなみに小林も元財務官僚である。財務省としては、「完全に取り込んだ」というところだろう。

筆者は、議員会館の中で宮沢に遭遇したことがあるが、30人ぐらいの記者を引き連れていて、いかにも権勢を謳歌している雰囲気だった。その直後、加藤勝信財務大臣にも行き会ったが、SP以外、誰も周りにいなかった。この情景を見ただけで、多くの自民党議員は、加藤に逆らいはしても宮沢に逆らうとまずいと感じるだろう。

自民党議員には、選挙の際、減税を公約に掲げる者もいるが、当選後は沈黙するのが常である。税制に関して強大な権力を持つ財務省や宮沢に、公約通り愚直に相対しても傷つくだけで、得るところはないと考えるわけだろう。

一方、野党では、2024年9月に立憲民主党代表となった野田佳彦が税制に関して最も注目すべき、というより警戒すべき議員である。野田は、かつて民主党政権時代に財務大臣や首相を務め、消費税を10％に上げた「元凶」であることを誇っている。「消費税を上げれば上げるほど、人々は将来の福祉に安心感を抱き、消費が活発化して景気が良くなる」という、現実によって完全否定されている理論を妄信するさまは倒錯の極みと言うほかない。財務省も、「人はここまで洗脳されるのか」と驚いていると聞く。

その野田が党幹事長に選んだ小川淳也議員も、かつて、消費税は25％程度まで上げるのが自然と主張し、所得税の上限も昔は70％から80％だったと語るなど、原理主義的な増税論者である。小川はスウェーデンを理想国家と位置付けているが、スウェーデンで不法移民増加が社会問題化していることや、経済発展を無視する環境活動家「グレタさん」の母国であることなどにも思いを馳せるべきではないか。

スウェーデンの税制が経済活性化を生んだなどという話は聞いたことがない。

外務官僚の出世と省益を優先する外交利権

外務省も往々にして日本を蝕むディープステートの一つである。外務省では、新たな条約を作ったり、国交正常化を達成したりすると、省内で評価され出世につながる。それが国益や国民生活をないがしろにした外交を生みがちである。

対北朝鮮外交を例に挙げておこう。外務省には、拉致問題を棚上げして北朝鮮との国交正常化を優先しようとする動きが根強くある。石破茂首相が繰り返し、日朝双方の首都に連絡事務所を設けるという案を持ち出してきたが、これは予算増加や目に見える実績を求める外務省の、全部とは言わないまでも一部の思惑と合致する。

この問題については、２０２４年11月11日に筆者が衆議院議員として提出した質問主意書があるので、関連する部分を引いておく。

石破首相は9月に行われた自民党総裁選において、同月20日、次のとおり発言している。「お互いに連絡事務所を持ち、北朝鮮が拉致被害者の消息を述べていることは本当に真実かを公の場で検証することは必要だ。首脳会談をやることも当然やらねばならないが、何の準備もなくいきなり会っても仕方ない」。

この東京と平壌の「連絡事務所設置」は、石破首相の就任前からの持論だが、拉致被害者家族会や支援団体の「救う会」は、北朝鮮に時間稼ぎや、被害者が帰国しないままの幕引きの手段として使われる懸念があるなどとし、反対してきた。現に、就任後初めて、石破首相が拉致被害者家族と面会した席でも、家族会の代表である横田拓也氏は「時間稼ぎした上で幕引きすることにしか寄与しない」として反対の考えを明確に伝えている。

石破首相は、「北朝鮮が拉致被害者の消息を述べていることは本当に真実かを公の場で検証する」ために連絡事務所が必要としているが、これは日朝合同調査委員会を設けるという、外務省ＯＢの田中均、藪中三十二（いずれも現役時代、日朝実務レベル交渉を担った。その後、石破もメンバーである日朝議連のブレーン）らの発想に通じている。

しかし、自由が一切ない北朝鮮で、意味ある証人尋問や証拠収集などできるはずもない。そもそも、北朝鮮が管理下に置いている全被害者を返せばよいだけで、調査など必要ない。日本側も加わった調査という体裁を取って日本世論に「死亡」を納得させる時間稼ぎないし揉み消し工作に終わるほかないだろう。

「合同調査」は聞こえのよい一種のイデオロギーである。「国交正常化」も、北朝鮮のような相手の場合、外交利権の増進以外、何ら国民にとって益するところはない。そして外交利権の観点からは、拉致問題は厄介な障害物と位置付けられる。

「国交正常化を進めれば北朝鮮の態度が和らぎ、拉致問題の解決につながる」というのが、石破首相や、岩屋毅外相、中谷元防衛相らが中心メンバーである日朝議連の立場だが、北朝鮮の体制を全く理解しない甘い考えである。この日朝議連が講師に呼び、繰り返しレクチャーを受けたのが、田中均、藪中三十二らの「外交利権」勢力であった。

なお田中均は、小泉純一郎首相訪朝を準備する、日朝実務レベル協議の責任者を務めたが、安倍首相が問題にしたように、極めて重要な直前2回分の交渉記録を残していない。外交官としてあるまじき行為であり、そこで国益を損なう談合をしたのではと疑われても仕方がないだろう。このような人物をブレーンに仰ぐ時点で、日朝議連に議員外交を担う資格はない。

石破首相はさかんに、拉致問題の「可視化」が必要だという。石破の言う可視化とは、次のようなかたちだろう。

平壌に連絡事務所を設置して拉致被害者の「合同調査」をし、北朝鮮側の「協力」への見返りとして制裁緩和や食糧支援を行う。数カ月から1年後に「合同調査の結果、拉致被害者は残念ながら皆さん亡くなっていた。北朝鮮は誠実に対応してくれた」として、国交正常化という名の「利権正常化」に進む―。日朝議連が年来描いてきたシナリオである。

この政官が結んだ「拉致棚上げ」構造を打ち破るには、拉致問題や北朝鮮政治に精通し、真に被害者奪還を目指す外部の専門家を政権中枢部に入れるしかない。

筆者は、西岡力救う会会長を拉致問題担当の首相補佐官に起用し、日朝首脳会談の場にも同席させるよう主張してきた。

「分かっている人間」がその場にいるとなると、北朝鮮側も安易な欺瞞工作には出られない。また朝鮮語を完璧に理解する西岡なら、内輪のやり取りも含め相手の話を間違いなく聞き取れる。それこそ石破首相の言う「北朝鮮が拉致被害者の消息を述べていることは本当に真実かを公の場で検証する」こともある程度可能になるだろう。

筆者が首相なら、就任初日に西岡を補佐官に起用する。「人事は政策」。石破首相の本気度を図るバロメーターと言えよう。

過去に韓国との国交正常化に当たって、日本が出した「経済協力金」を現在価値に直すと約4兆円になる。北朝鮮との「国交正常化」となれば、北のインフラ整備に日本からほぼ同額の資金が渡り、日本企業も工事に参加できると期待する向きも少なくない。彼らにとって国交正常化はすなわち「利権正常化」であり、日朝議連的な立場を採る政治家に献金し、働きかけを行うことになる。

日本から出ていく資金の額を大きくするためか、「日本はかつて北朝鮮を侵略して甚大な被害を国家と国民にもたらしているのですから、当然われわれとしても、その事実を重く両肩に背負い込まないといけないのです」といった主張をする政治家もいる（衛藤征士郎・前日朝議連会長。自民党。2024年の総選挙で落選）。

歴史利権と外交利権は結びつきやすい。衛藤がそうだとは言わないが、特に日朝外交に関わる政治家は、安易な自虐史観を口にすべきではない。間違いなく国益を損なう。

反核利権団体からカモにされる日本

1980年代に先進自由主義国で広がった反核運動に関しては、背後でソ連の情報機関KGBが資金提供を行っていたことが明らかになっている。

ソ連が西欧を射程に収める中距離核ミサイルを配備したのに対し、NATO側は、同様の中距離核ミサイルを配備した上で、相互撤廃交渉を行う方針をとった。このNATO側の動きを阻止するためだった。もちろんソ連国内で反核活動が許されるはずもなく、実質的にNATO側に一方的軍縮を要求する運動となった。

「核廃絶パフォーマンス」をライフワークとする岸田文雄前首相は、日本国民の税金を用いて、当時のソ連と同様とまではいわないが、それに近い役割を相当果たしてきた。

核兵器がない世界が望ましいのは当然だが、政治家は常に現実を見据えて行動せねばならない。岸田に「何かアイデアを出せ」と言われて協力してきた外務官僚も多いだろう。「米国の『核の傘』に頼りながら、矛盾ではないか」と黙っていると疎まれて出世できない。いくつかの例を見ておこう。

2022年8月2日、ナンシー・ペロシ米下院議長の台湾訪問に強く「反発」した中国が、日本の排他的経済水域を含む台湾周辺に多数のミサイルを撃ち込むなどの行動に出た。ペロシを乗せた米軍機に中国側が異常接近し、衝突するなど不測の事態もありえた。

そうした中、自衛隊の最高指揮官である岸田首相は日本を離れ、ニューヨークに向かった。「核兵器拡散防止条約（NPT）運用検討会議」に出席し、核廃絶を訴えるためである。それ自体、事の軽重をわきまえない無責任な行動であったと言わざるを得ない。

岸田は国連の総会ホールで、「核兵器不使用の継続の重要性の共有」など特に新味のない演説を行ったが、会場はまばらで、岸田以外に首脳クラスの出席はなかった。

その演説で岸田は、国連に1000万ドル（当時の日本円で13億円）を拠出して新たに

「ユース非核リーダー基金」を設けること、および日本が費用を全負担する「核兵器のない世界に向けた国際賢人会議」を立ち上げ、広島で開催することを約束した。

「ユース非核リーダー基金」は、ソ連が糸を引いたかつての「反核運動」同様、自由主義圏にのみ核抑止力放棄を要求する活動家の資金源となりかねない。

筆者は、日本も独自の核抑止力を持つべきであり、そこで初めて中国との相互核軍縮や「平時において核ミサイルの照準を互いに外す」といった交渉が成り立つと考えている。しかし、そうした考えの若者が「ユース非核リーダー」に選ばれることはないだろう。

中国においては、反核運動が展開される余地など全くない。すれば直ちに逮捕される。実質的に自由主義圏のみに非核化を押し付けるような活動は、中国のようなファシズム国家の軍事的優位を助長する可能性が高い。

「国際賢人会議」も、第一回会合が広島で2022年12月に開催され、数回続いているが、外交的配慮としてロシアと中国の御用学者まで招いた結果、彼らの政治宣伝を許し、無意味どころか有害な政治ショーとなっている。

そもそも同種の「核廃絶賢人会議」は過去に無数に開かれ、いずれも成果なく終わっており、初めから税金の浪費になることは明らかだった。

ところが懲りることなく、岸田は2023年9月19日、国連総会で再び演説を行い、「アカデミアや実務の世界における、抑止か軍縮かとの二項対立的な議論を乗り越えるため、日本は、新たに30億円を拠出して、海外の研究機関・シンクタンクに『核兵器のない世界に向けたジャパン・チェア』を設置いたします」と宣言した。この時も国連総会のフロアはほとんど空席で、はっきり言って誰も真剣に聴いていなかった。

外務省によればその後、（1）カーネギー国際平和財団、（2）ウィーン軍縮・不拡散センターおよび（3）国際戦略研究所アジア（シンガポールにオフィス）の三機関に計30億円を渡すことになったという。いずれも老舗のシンクタンクであり、核問題で何か画期的な研究成果が出せるなら、すでに出しているはずである。客員研究員などの名目で外務官僚が天下り先として利用しないか監視していく必要がある。

いま挙げただけでも60億円になる税金は、国内でほかの有効な事業に充てるか、減税に回すべきだったろう。「核廃絶を研究している」と称する団体は、一般に自由主義圏の抑止力強化に反対する傾向が強い。中国や北朝鮮、ロシアが核戦力を増強する中、そうした団体に資金を提供することは国益に反する。

いったん資金を提供し始めると、明らかに無意味と分かっても、惰性でいつまでも続く結果になりかねない。これらの団体が「国際交流」の名のもとに、明らかに反日的な団体や個人に資金を流す場合もある。岸田「核廃絶パフォーマンス・税金バラマキ」演説に、国会で批判の声が上がらなかったことも非常に問題である。税金は有用に使われねばならない。議会には監視に当たる義務がある。

結局のところ、国会議員のほとんども岸田同様、反核イデオロギーに迎合しているため、「非核化」という言葉を聞いた瞬間、行動や思考が停止し、踏み込んだ精査に出ないわけだろう。被害を受けるのは、名もなき一般の納税者である。

北朝鮮との「利権正常化」を目論む勢力

拉致問題に関して安倍晋三は、首相時代はもちろん、その議員生活を通じて、自民党内の有力者に対しても遠慮なくものを言った。

2008年5月、安倍より18歳年上（1936年生）で防衛庁長官などを歴任した山崎拓が「日朝国交正常化推進議員連盟」を立ち上げ、北朝鮮への制裁解除を公然と主張し始めた。山崎は、辻元清美（現・立憲民主党代表代行）のような親北左翼政治家に常に好意を示し、選挙応援演説にまで赴くなど、著しく理念と判断力に欠ける人物だった。

そんな山崎らの動きに対し、安倍は、「国会議員が政府よりも甘いことを言っては、政府の外交交渉能力を大きく損なう。百害あって一利なしだ」と厳しく批判した。

これに対して山崎が「安倍の考えは幼稚だ」と応戦すると、安倍はさらに、「日本語能力がないのではないか。百害あって利権ありと言いたくなる」と反撃した。「百害あって利権あり」は名言と言える。相手が党の長老であっても、有害な言動は放置せずに叩く。こうした「戦う保守」の姿勢は、総じていまの自民党議員たちに最も欠ける点だろう。

なお自らの外交的、経済的な利権以外に、訪朝時にハニートラップに掛かって相手の利権に奉仕するに至ったのではないかと疑われるケースもある。

保守派を自称しながら、拉致問題を棚上げした国交正常化を不自然に主張する政治家の場合など、そう見られても仕方がないだろう。

北朝鮮を訪問中に女性の案内人をあてがわれ、体を密着させた写真が週刊誌で報じられた事例もある。「我々に協力しなければ、もっと過激な写真を公表するぞ」という脅迫メッセージとして北朝鮮側が「比較的ましなもの」を流出させたといった話でなければ幸いである。

日本の民主党幹部が北朝鮮宥和政策を推進

米国は1987年11月の大韓航空機爆破事件を受け、北朝鮮を「テロ支援国家」に指定した。これは米国の国内法に基づくもので、指定された国が国際金融機関から融資を受けようとした際、米政府は反対する義務を負うとの規定がある。一種の金融制裁である。

しかし、ブッシュ長男政権が、コンドリーザ・ライス国務長官とクリストファー・ヒル国務次官補が主導するかたちで対北宥和政策に大きく傾斜し、その一環として2008年10月、北朝鮮のテロ指定を解除してしまった。

筆者は当時、拉致被害者を「救う会」の副会長を務めていたが、その動きが顕在化して以来、被害者家族会の役員や拉致議連（当時は平沼赳夫会長）のメンバーとともに何度かワシントンを訪れ、米国の要路に対して、テロ指定解除の再考を求めた。北朝鮮を財政的に利しかねず、拉致問題の解決にマイナスと思われたからだ。

この対北宥和政策には、米国内でも、保守派を中心に反対意見が多数存在した。その代表格が、当時副大統領を務めていたディック・チェイニーである。その後、娘のリズ・チェイニーとともに反トランプの立場に移行して、共和党内で影響力を失ったが、当時は我々にとって最重要の「同志」だった。

拉致問題を重視している日本が反対しているとなれば、チェイニー一派にとって追い風となる。「アジア最大の同盟国である日本が、ブッシュ政権の対北宥和政策に反対している。日米関係を壊してもよいのか」との議論が展開できるからである。実際、米国側からも、保守派を中心に、我々の訪米を歓迎する声が多数聞かれた。

ところがワシントンで活動する中で、米側関係者から、民主党の岡田克也や前原誠司（現・日本維新の会共同代表）が訪米し、「日本が拉致問題に固執すると、核の無能力化ができなくなる」「拉致と核は切り離すべきだ」などと、拉致問題が北の核問題解決の障害になるかのごとき話をしていたが、どういうことなのかと聞かれる場面が何度かあった。

そこで家族会と救う会が両議員に真意を問うたところ、岡田は２００９年5月14日、両団体代表との面談に応じ、次のように語った（救う会ニュースより）。

日本には日本の国益があり、米国には米国の国益がある。両国の国益が一致しないこともある、と。また、テロ支援国指定解除がなされたからと言って、一部の人がいうように日米同盟にひびがはいるとは考えない、と。これは私の考えです。米国には、米国がテロ支援国指定解除を行ったことを弁解する人がおり、そういう人が私の発言を、（日本の議

員も解除をそれほど問題にしていないと）利用しようとした可能性もある。

これに対し家族会・救う会からは、「米国には米国の国益がある」ではなく、日米が連携して北朝鮮に厳しく対応することこそ米国の国益になると説得するような姿勢を期待すると伝えた。一方、前原からは何ら返答がなかった。

なお前原は、２００７年2月13日、衆議院予算委員会における安倍晋三首相に対する質問で、大要次のように述べている。

外交的に軽重を判断する場面があると思う。拉致問題は極めて大事だ、拉致の問題解決なくして日朝国交正常化はあり得ない。ただ、この問題がうまく解決できなかった時に、どんどん北朝鮮が核開発を継続する可能性がある。それに対して、中国を議長国として各国が一生懸命外交努力をしている。私は米国で、どちらが大切なんだとよく聞かれる。

拉致なのか、核なのか。核問題のマネジメントを間違えば、何十万、何百万という国民を被害に陥れる可能性がある。六者協議の枠組みでどんどん日本が発言権を失っていくのではないか。日米関係にも大きな影を落とすと私は思いますよ、これにこだわり過ぎていれば。だから、変えるなら早い方がいい。つまりは、拉致の問題も大切だけれども、六者協議の中で合意した重油支援はやりますと。

これは、拉致問題を棚上げした上、核問題でもだまされる最悪のパターンを招く発想だろう。はるかに簡単な拉致被害者の解放に応じない国が、核問題で誠実に対応するはずがない。前原が、この国会質問のような趣旨をワシントンでしゃべったのなら、米国の対北宥和主義者に塩を送ったも同然と言える。

なお、この国会質問からちょうど1年後の2008年2月13日、前原は講演で次のように語ったという（産経新聞2008年2月13日付け）。

米朝は国交正常化まで1年間で進む可能性がある。日本と違うところで物事が動いている。六カ国協議も動く可能性がある。核に限って言えば、六カ国協議の枠組みで進めば日本は協力してよいのではないか。拉致問題を解決しないとダメだといっていると、他の国が支援して、日本だけが疎外される。六カ国協議で合意したら北朝鮮への支援をみんなでやったらいい。安倍さんが（交渉の）ハードルを上げた。

北朝鮮への支援など「日本だけが疎外」されても一向にかまわないし、「米朝は国交正常化まで1年間で進む可能性がある」といった状況認識も非常に甘い。前原はもう対米外交から手を引くべきだろう。

中国共産党のロビー機関——日中友好議連

次に、日中関係について見ていこう。日中友好議員連盟（現会長は森山裕自民党幹事長）は、その基本構図からして異様である。日本には一応公正な選挙で選ばれた議員がいるが、中国には自由民主制国家におけるような「議員」は存在しない。

中国の全国人民代表大会（全人代）は議会に類する外面は有しているものの、いわゆる「ラバースタンプ（ゴム印）」機関に過ぎない。共産党指導部の「提案」に自動的に賛成を表明するためだけに設けられている。米政府や民間の有力シンクタンクは、日中友好議連を、中国共産党が日本に向けて展開するロビー活動の窓口と位置づけている。

岸田首相が、日中友好議連の会長を長く務めた林芳正を外務大臣に起用した時、米国では「あり得ない人事」との声が少なからず上がった。林は中共に近すぎる、日米間の機微なやり取りが北京に筒抜けになりかねないとの不信の声である。

続いて、岸田の跡を継いだ石破首相が、やはり林を官房長官に据えた。各省庁から重要情報が集まり、官房機密費を差配する要職である。これまた自由主義国の常識に照らせば「あり得ない人事」だろう。

石破政権では、日中友好議連前会長の林が内閣の要である官房長官、現会長の森山が与党の仕切り役である自民党幹事長を務めている。中国共産党に対する批判や警戒感が国際的に高まる中、日本政治に不信感を持つなと言う方が無理だろう。

ちなみに林は、岸田が会長を務め、いまは一応解散したことになっている宏池会の所属だった。宏池会は、財務省（旧大蔵省）関係者が中心の、「増税利権」を体現したような派閥である。初代会長の池田勇人は大蔵大臣や首相を歴任した元大蔵官僚で、2代目会長の前尾繁三郎元衆議院議長、3代目会長の大平正芳元首相、5代目会長の宮沢喜一元首相も大蔵官僚出身だった。

やはり宏池会所属で、2015年以来、自民党税制調査会長を務める増税利権の権化、宮沢洋一も元大蔵官僚である。宮沢喜一元首相の甥で、岸田とは母方のいとこという姻戚関係にある。

第9代会長を務めた岸田も、東大法学部から財務官僚というコースを目指したが、入試に3回失敗し、断念した。ただし卒業後、日本長期信用銀行（現・SBI新生銀行）に就職したため、一応財務省の周辺にはいたことになる。

岸田の父・文武は通産官僚を経て衆議院議員を務めた（宏池会所属）。岸田は銀行を退職後、父の秘書となり、それを足場に政界入りを果たした。岸田の二人の妹はいずれも財務官僚と結婚している。要するに岸田文雄は、財務省（および多少、経産省）人脈に深くつながる二世議員である。

宏池会の第6代会長加藤紘一は、アジア局中国課などに勤務した外務官僚出身の二世議員で、北京に寄り添う姿勢が非常に強かった。日中国交正常化を進めた田中角栄内閣で外相を務めた大平正芳（第3代宏池会会長）の衣鉢を継ぎ、常に「日中利権」の中心にあった。父精三は戦前に内務官僚を務め、戦後は衆議院議員として内閣官房長官や自民党幹事長を歴任したため、加藤は政界入り当初から、党内で「御曹司」扱いを受けた。

宏池会に典型的にみられる財務省利権と日中利権の融合は、絵に描いたような「国益より利権」であり、スマートな外面に隠れた日本政治の腐蝕を端的に示すものと言えよう。

利権が集中する国土交通省のトップ争い

2024年の衆議院選挙で自民党が大敗、公明党も委員長が落選するなど議席を減らした結果、自公合わせても過半数に届かず、決選投票でかろうじて石破が首相の座を維持したものの、少数与党となった。

自公連立政権は1999年に始まったが、2004年に、国土交通大臣のポストを公明党が初めて得た。その後、2008年秋から1年間だけ自民党が「取り返した」が、続く民主党政権を経て、2012年12月の第二次安倍内閣で、再び公明党がこのポジションを獲得し、以来手放すことなく、同党議員が連続で居座っている。

公明党の支持母体は宗教法人の創価学会で、当然、あらゆる政治活動において学会の利益が最優先される。もちろん公明党の議席は選挙の結果であり、そのこと自体は何ら問題ない。ここで学会の思想を問題にするつもりもない。合法的な宗教法人である。

国交省はかつて運輸省、建設省、北海道開発庁、国土庁と複数の省に分かれていたが、2001年の中央省庁再編に伴って統合され、日本のインフラ整備全般を担う巨大官庁となった。多くの公共事業を差配する権限を持つため、「工事利権」の塊というべき性格を帯びている。直接カネが絡む利権官庁という意味では財務省以上の存在だろう。

かつて建設省や運輸省などに分かれていた時代でも、これらの省の大臣ポストは自民党の政治家たちにとって垂涎《すいぜん》の的だったが、国交省に統合されたことで、さらに旨味の大きいポストとなった。実際公明党は、創価学会票に幾分の工事利権票を上積みすることで、議席を維持してきた。

このような大利権ポストを自民党が公明党に譲っている事実は、自民党議員たちがいかに創価学会票に依存し、そのくびきのもとにあるかを示すものと言える。

自民党と公明党の連立形成は、小渕恵三政権時代の1999年に遡る。前年の参議院選挙で大敗して過半数割れした自民党は、単独での政権運営が不可能となっていた。以来、小選挙区（一つの選挙区で一人だけ当選）において自民党候補を創価学会が支援する構図が固まっていく。自民党候補がいる小選挙区で、公明党が候補を立ててもまず勝ち目はない。自民候補支持を打ち出して「恩を売る」方が政治的なプラスは大きい。

創価学会に限らず、家族ぐるみで投票所に足を運ぶことを宗教的義務ととらえる「信者票」は、よく言われる通り、麻薬のようなものである。

いったん頼る習慣がつくと離れられない。多くの自民党議員は「創価学会の票を失えば落選しかねない」という恐怖のもとにある。

創価学会はかねて、文化庁宗務課を傘下に持つ文科大臣のポストを希望していると言われてきたが、それでは間違いなく利権関係が問題になる。ほかの宗教団体の反発を買うこともあり、自民党としても受け入れがたい。代わりに、巨大な工事利権を抱える国交大臣ポストが提供されることになった。公明党としても悪くない話である。

最近では、小選挙区で公明党候補が立ち、自民党が支援に回るケースもある。しかしこれは、自民党支持者の間にかなりの違和感を生む。

公明党は、特に山口那津男代表以来、中国共産党にすり寄る姿勢を一層強め、選択的夫婦別姓（家族別姓）問題などでも立憲民主党など左翼野党と歩調を合わせるに至った。保守的理念を重視する自民党員にとっては、公明党候補を応援する行為は耐えがたい。

安倍首相が、集団的自衛権の一部容認に踏み込んだ平和安全法制を通した時のように、自民党が不退転の決意で臨めば、公明党指導部は、最後は歩調を合わせるが、自民党がふらついていると見れば、親中左翼の方向に傾きがちである。

外からは、自民党が公明党に鼻面を引き回されているとも見える。保守派有権者はますます「安倍なき自民党」に嫌気がさし、離れていくことになろう。そんな中、冷静な票読みから、公明党＝創価学会の推薦をあえて求めない自民党議員も、少数ながらいる。複数のそうした議員に話を聞いたところ、次のような状況判断に基づくという。

自民党候補を支持するに当たって公明党は「政策協定」にサインすることを求める。応じれば、当選後その約束に縛られ、その分、理念的保守派の失望や反発を買う。得られる創価学会票と失う保守票を差し引きすれば、マイナスになる可能性が大きい。

また自民党の国会議員は、一般に、系列の都道府県議会議員や市町村議会議員を持つが、地方議会選挙の多くは大選挙区制である（1選挙区の定数が2以上）。すなわち彼ら地方議員は、自分の選挙でしばしば公明党候補とも戦う。

そのため「親分」の国会議員が、公明党と一線を画す存在だと、心置きなく戦えるため、自民党陣営全体の士気が上がる。それは票の掘り起こしにつながる。

安倍首相に近かった自民党のある有力政治家は、「私はしっかり計算した上で、公明党の支持を求めないと決めている。ほかの議員は冷静な票読みができていないのではないか」と語る。重要ポイントと言えよう。

なお3、4代目の国交大臣を務めた石原伸晃（自民党）は、政界とテレビ局の癒着を示す典型例でもある。彼は慶應義塾大学文学部卒業後、父慎太郎の「親の七光り」で、日本テレビに報道局記者として入社したが、性格の軽さゆえ「全く使い物にならなかった」という（同社最高幹部）。

石原慎太郎には大ベストセラーとなった著書『スパルタ教育』（1969年）がある。筆者も小学校から中学校に上がる頃に読んだ記憶があるが、石原は、自分の長男にはこの厳格な教育法を適用しなかったようである。石原伸晃の耐えがたい軽さは、2011年の東日本大震災で炉心溶融を起こした福島第一原子力発電所を繰り返し「福島第1サティアン」と呼び、ひんしゅくを買ったことに典型的に表れている。

当時、自民党で同僚だった佐藤正久参議院議員も、次のように苦言を呈している。

石原幹事長、ちょっと言葉に気をつけた方がよい。福島第一原発はサティアンではない。サティアンとはオウム真理教で使われた言葉でもあるが、サンスクリット語で聖地の意味だと思う。第一原発で安全化のために酷暑の中で働いている方々はどう思うだろうか？

自民党議員がこうした建造物や被災地復興に関して軽い発言をするようでは、誰も、「やはり国交大臣は自民党の方がよい」とは思わないだろう。

「対中贈与金」を徴税する太陽光パネル利権

2012年の再エネ特措法施行に伴って国民から徴収が始まった「再エネ賦課金」は電気料金に組み込まれた事実上の税金、すなわち太陽光発電、風力発電などを人為的に促進するための「再エネ」増税である。

「税」の徴収に当たらされる電力会社の一つ関西電力はこれを、「再生可能エネルギーの固定価格買取制度によって電力の買い取りに要した費用を、電気をご使用のお客さまに、電気のご使用量に応じてご負担いただくもの」と説明する。

賦課金は増税以上に「値上げ」が容易で、そのため年々家庭の負担額は膨らみ、賃上げ効果(あるとして)を打ち消している。企業の電力調達コストも当然上昇し、景気を冷え込ませる要因となっている。

現在、日本で設置される太陽光パネルはほとんどが中国製である。すなわち再エネ賦課金の相当部分は中国に渡り、その軍拡資金となる。すなわち理不尽なかたちで日本国民に課す「対中贈与金」の性質を持つ。

太陽光パネル販売をめぐる国際競争では、かつては日本製が優勢だった。ところが、原発の運転停止などで電気料金が高騰し、日本国内での製造コストが上がったため、価格の安い中国製に順次駆逐された。実に愚かな自傷行為である。

中国では炭素を大量に排出しながら太陽光パネルを作っており、国際的視野で見れば、脱炭素にも逆行している。近年の日本のエネルギー政策の倒錯ぶりには呆れるほかない。

国民民主党が2024年春、賦課金の徴収を一時停止し電気代を引き下げる「再エネ賦課金停止法案」を国会に提出したが、「脱炭素に消極的」と見られることを恐れる不見識なほかの諸党に黙殺され、審議されることもなく葬られた。この時点で日本保守党が国政政党になっていれば、当然賛成したのだが。

国民民主党の玉木雄一郎代表は「所得の低い人も含め、集めたお金をメガソーラー設置事業者に回す『所得の逆再分配』が起きている」と指摘する。

まさにその通りで、庶民の懐から徴収した事実上の税金を国内の大規模再エネ業者や中国に渡す不公正な構図となっている。「脱炭素原理主義」というイデオロギーの衣をかぶった巨大かつ倒錯した利権の世界である。

２０２４年３月、内閣府の「再生可能エネルギー等に関する規制等の総点検タスクフォース」の委員で、反原発を掲げる自然エネルギー財団の大林ミカが、中国の国営電力会社「国家電網公司」との不透明な関係を問われ、辞任に追い込まれた（財団側は関係を否定）。同タスクフォースは、河野太郎が規制改革担当相として主導したもので、２０２４年６月をもって廃止された。

大林は、河野が外相時代に立ち上げた「気候変動に関する有識者会合」にも委員として入っていた。かねて、反原発団体である原子力資料情報室の活動的メンバーであったことから、河野の目に留まったのだろう。

大林はまた、社民党党首の福島瑞穂とも親しく、２０１０年４月28日付けの「福島みずほのどきどき日記」（ブログ）を見ると、両人が抱擁し合う写真とともにこうある。

環境エネルギー政策研究所の大林ミカさん。みずほ応援団、環境・反原発勝手連の中心メンバーとしてもパワフルに活動してくださっています。

福島瑞穂と言えば、非武装中立を唱え、原発の全廃を主張するなど日本弱体化を飽くことなく追求してきた人物である。大林をめぐる動きを見ると、河野、福島、中国共産党とつながる一連の再エネ利権の構図に疑念を深めざるを得ない。

大林が政策局長を務める自然エネルギー財団の設立イベントでは、会長の孫正義が「アジアスーパーグリッド構想」を打ち上げている（２０１１年9月12日）。

孫によれば、「アジアスーパーグリッドとは、アジア各地に豊富に存在する太陽光、風力、水力などの自然エネルギー資源を、各国が相互に活用できるようにするため、各国の送電網を結んで作りだす国際的な送電網のこと」だという。孫は、「全てのエネルギーを自然エネルギーでまかなう『自然エネルギー１００％』の実現が必要になる中で、国際送電網の構築はいっそう重要な課題になっています」と強調する。

１億２０００万人を超える人口を持つ日本のような大国が一定レベルの経済活動を維持するには、予見しうる将来、火力発電所や原発の活用が必須である。「自然エネルギー１

００％」など幻想にすぎない。

しかも、仮に「アジアスーパーグリッド」が完成し、日本がそれに依存するならば、電気エネルギーに関して生殺与奪の権を中国共産党に握られることになる。できる限りのエネルギー自立が国家的要請である中、論外の「構想」と言える。

再エネ推進の動きは、菅義偉首相が２０２０年、河野太郎らの進言を不用意に受け入れて「２０５０年CO_2実質排出量ゼロ」「グリーントランスフォーメーション（以下、緑転換）」を打ち出して以来、加速の度を加えた。２０２４年、高市早苗でなく石破茂を総理総裁にすべく裏で動いたことを含め、菅の政治責任は極めて大きい。

質問主意書で質した政府のエネルギー姿勢

２０２４年12月17日、筆者は衆議院議員として、エネルギー問題に関する質問主意書を提出し、石破政権の姿勢を質した。

以下、トランプ政権発足などその後の状況変化を踏まえ、若干加筆したうえで、中心部分を引いておく（この質問主意書作成に当たっては、杉山大志キヤノングローバル戦略研究所研究主幹と有本香日本保守党事務総長の協力を得た）。

（１）「緑転換」を進めるため政府は、今後10年間で１５０兆円の官民投資を実施するという。対象には、洋上風力発電、太陽光発電、その導入のための蓄電池や送電線建設などが含まれるが、いずれも国民負担を生じさせ光熱費の高騰につながる。むしろ緑転換を根本的に見直し、再エネの大量導入を止めて、光熱費削減を図るべきではないか。

（２）政府は２０５０年に日本のCO_2排出を実質ゼロにするのが目標としているが、経済へのマイナスを無視して遮二無二実行したとしても、それによって地球の気温は０・００６度しか下がらない。費用対効果の点で、全く正当化されない。

（３）温暖化防止パリ協定のもとでも、ロシア、中国、インドなどは化石燃料の利用を継続ないし拡大している。米国もトランプ大統領が、同協定からの離脱を表明した。日本の態度いかんに関わりなく、パリ協定はすでに形骸化している。こうした中、日本が、石破政権が言うような「野心的な」CO_2削減目標を提出することに国際的意義はなく、単に経済的な自滅を招くだけである。

（４）太陽光発電には人権問題、経済性、災害時の安全性など多くの課題がある。世界の太陽光パネルの８割は中国で製造されており、新疆ウイグル自治区が工程に相当程度組み込まれている。米国では、ウイグル人の強制労働を理由として輸入禁止措置がすでに取られた。人権尊重を旨とする日本も、同様に輸入禁止措置に踏み切るべきではないのか。

そもそも太陽光発電は間欠的（夜は機能しない変動電源）であるという根本的な問題があり、そのバックアップとして火力発電設備などへの二重投資が必要となるため、経済性は本質的に悪く、国民経済への大きな負担となる。

また地震や洪水で破損しても発電を続けるため、避難、救助などに際して感電による二次災害が発生しかねない。さらに、中国の太陽光パネルは製造時に大量のCO_2を発生させる。森林を伐採して設置するメガソーラーの場合、その分CO_2吸収源を減少させるという問題もある。

（5）原子力発電は、ウラン燃料の輸入が途絶えても、現在国内にある分だけで約3年にわたって発電を続けることができる。したがって、中東紛争などで石油の輸入が途絶した時、エネルギー安全保障上、非常に重要である。原子力についてのみリスクゼロを要求するのは不合理で、全電源に占める原子力の比率は、減らすのではなく、引き上げるべきである。

（6）日本のエネルギー供給の柱はいまなお化石燃料である。一次エネルギー供給のうち、石油・石炭・天然ガスの合計で約8割を占めている。日本はCO_2をほとんど出さない世界最先端の石炭火力発電の技術を有している。脱炭素イデオロギーに囚われず、これを積極利用すべきである。

米国の軍事利権から抜け出せない日本

最も大規模に利権が絡む分野の一つが軍事である。たとえば、米国の軍事産業が巨額の資金を投じて開発した最新型戦闘機などは、経済力のある国には高値で売られるが、そうでない国にはディスカウント価格で売られる。

この点、日本は間違いなく、最も高い価格で買わされてきた国である。「米国が日本に求める価格は青天井」とある防衛省OBは述懐する。米国にとって日本は、「ここで思い切り稼がせてもらわねばならない」金城湯池であり続けている。

最大の理由はやはり、日本が偽善的な「平和国家」イデオロギーにより、集団的自衛権を発動できない国と自らを位置付けていることにある。米国としては当然、「日本は片務的な安保条約に基づいて米軍に守ってもらっているのだから、米軍を支える軍事産業が安定的に収益を上げられ、存続できるよう協力するのは当たり前だ」と迫ってくる。

「米国の軍事産業が衰退すれば、日本の防衛も危うくなる、自分で自分を守れるのか」と開き直られると、日本はそれ以上言い返せない。結果的に、集団的自衛権を前提とした集団防衛体制を米国と組む欧州NATO諸国などより高い価格を押し付けられる。

自国の防衛を他国に大きく頼りながら、その他国の防衛には関知しないという身勝手な「平和主義」が、巨額の税金の海外流出を生んでいるのである。

この状況を是正するには、日本独自の抑止力を強化すると同時に、憲法解釈を改め、集団的自衛権をフル発動する体制を作らねばならない。それができる度合いに応じて、より対等な立場で米国と兵器の売買交渉ができるようになろう。

その方向に進まない限り、「国際標準価格で売って欲しい」といくら求めても、米国が切り札たる「安保条約の破棄」を振りかざすと、引っ込むほかなくなる。世界広しといえども、集団的自衛権を「保有しているが行使はできない」といった倒錯した立場を取っているのは日本だけである。

ここで、集団的自衛権の行使に「憲法改正は必要ない」という点を改めて強調しておきたい。保守派の論客においても、「集団的自衛権を完全に行使するには憲法を改正せねばならない」との主張が見られるが、歴史的に見て正しくない。憲法解釈を旧安保条約当時に戻せばよいのである。

そもそも、日本国憲法の原案を書いた米国占領軍においては、自衛権をことさら個別的と集団的に分ける発想はなかった。1950年6月25日に朝鮮戦争が勃発して以降は、むしろ、日本が集団的自衛権を行使して米軍に協力するよう促す場面も多くなった。

占領末期の1951年に締結された旧日米安保条約には、そうした状況が明確に反映されている。原文を引いておこう。

国際連合憲章は、すべての国が個別的及び集団的自衛の固有の権利を有することを承認している。これらの権利の行使として、日本国は、その防衛のための暫定措置として、日本国に対する武力攻撃を阻止するため日本国内及びその附近にアメリカ合衆国がその軍隊を維持することを希望する。

ここには、日本国が集団的自衛権を「行使」した旨が明記してある。ところがその後、政府は徐々に「行使できない」方向に政府見解を後退させ、1981年、ある衆院議員の質問主意書に対する答弁書において、きわめて不見識な憲法解釈を定式化させてしまう。

わが国が、国際法上、このような集団的自衛権を有していることは、主権国家である以上、当然であるが、憲法第九条の下において許容されている自衛権の行使は、わが国を防衛するため必要最小限度の範囲にとどまるべきものであると解しており、集団的自衛権を

行使することは、その範囲を超えるものであって、憲法上許されないと考えている。

反米・反自衛隊的な左翼勢力に対し、個別的自衛権だけは守ろうとした苦肉の策であったが、旧安保条約からの無原則な後退だったと言うほかない。慰安婦問題の河野談話同様、大いに国益を損なう迎合であった。以後、安倍政権が一部修正したものの、基本的にはこの憲法解釈が、批判的再検証なく受け継がれて今日に至っている。

ちなみに北大西洋条約機構（NATO）では、「北大西洋地域の安全保障を回復し維持するため、攻撃を受けた加盟国を、軍事力の行使を含めて支援する」と加盟国の相互防衛義務が明記されている。一方、日米安保条約にそうした文言はない。

米国も底抜けのお人よしではない。米国が攻撃された時に「軍事力の行使を含めて支援」してこないような国には、米側も全面的な防衛保障を与えてはならないという連邦議会の決議（バンデンバーグ決議）に基づき、新安保条約（1960年締結）は、日本が攻撃された場合、日米両国は「自国の憲法上の規定および手続に従って共通の危険に対処するように行動する」という曖昧な表現にとどまった。

米国が日本を守るために軍事力を行使するとはどこにも書いていない。米国には日本に対する「防衛義務がある」といったメディアの報道は、少なくとも正確ではない。

日本政府および国会は、早急に集団的自衛権に関する憲法解釈を1956年以前の常識的な線に戻す必要がある。

「人権擁護」イデオロギーに潜んだ難民利権

日本では近年、「人手不足倒産」が深刻化している。そんな中、日本経済団体連合会（経団連）を筆頭に、安価な外国人労働力の導入を求める声が経済界で強まっている。

一方、それら外国人や家族の福祉については、国が税金で面倒を見てくれと言う身勝手な話である。経団連が政治に要求すべきは、働き控えを生んでいる税制の改正（減税）のはずだが、財務省、国税庁に睨まれたくないという心理から、そこは声を上げない。

政界では、「世界から選んでもらえる日本」「多文化共生の実現」といったきれいごとのスローガンで経済界に迎合する傾向が与党の自公両党において顕著である。野党ではそれに加え、「難民」を無制限に受け入れよと主張する無責任な「人権派」の議員も多い。

本国の迫害を逃れてきたと保護を求める外国人の中には、出稼ぎ目的の偽装難民が多く含まれている。たとえば、トルコから旅行者として来る少数民族クルド人のケースである。彼らは、日本に入国後、知り合いの解体業者などのもとで働き、難民申請を繰り返して滞在期間を引き延ばす。そして一定の収入を得るとトルコに帰国し、別の知り合いのクルド人とバトンタッチする。まさに日本の難民認定制度の「目的外利用」である。

駐日トルコ大使も、産経新聞の取材に対し、その実態を認めている。日本で働きたいのであれば、正規の手続きを経て、「申請者の列」に並ばねばならない。とりあえず旅行者として日本に入国したあと、難民申請すれば滞在期間を延ばせ、「仮放免」制度を利用して普通に稼げるという状態を放置すれば、「そんな横入りが認められるなら、真面目に列に並んでいるのは馬鹿馬鹿しい。自分たちも難民申請しよう」という流れになるだろう。

偽装難民問題で、マスコミや左翼の国会議員はよく、個別の事例を取り上げて感情に訴える。たとえば、十代のクルド人少女が、「自分の両親が難民認定されず、本国に強制送還されるとなると、折角仲良くなった友達と別れなければならない。本国の言葉はうまくできず、日本で暮らしていきたい」と涙ながらに語った、可哀そうではないかとアピールするようなケースである。

しかしそもそも、強制送還に備えて子どもに本国の言葉を教えておくのは親の責務である。実際、大抵の場合は教えているだろう。政府が感情的議論に迎合して「特別在留許可」を超法規的に与えると、「日本では、泣き落としに出れば、難民認定されなくても在留できる」という情報が瞬く間に世界に広がり、日本で働こう、あるいは犯罪行為をしようと考える人々の間で共有される。結果として日本は、偽装難民天国になるだろう。

法務委員会で偽装難民について質問

2024年12月18日、筆者は衆議院法務委員会で、偽装難民について質問した。内容を整理し、元の「ですます調」を文章体に改めた上で引いておきたい（政府側答弁は会議録のまま）。

○島田洋一委員（日本保守党）　まず、難民認定制度の現状について伺う。大臣も所信の中で、不法残留者など退去強制すべき者を早期に送還するのが重要だと強調していた。来年1月20日から米国ではトランプ政権が復活し、不法滞在者、不法越境者に対する取り締まり、本国送還を格段に強化することは間違いない。また、欧州においてもイタリアのメローニ首相等を中心に、やはり不法越境者に対する取り締まり、送還を強化しつつある。

その中で、日本だけが甘い態度を取っていると、発展途上国からどっと就労目的、出稼ぎ目的の人々が難民と称して押し寄せてくることになりかねない。

一般論として、かつては先進国が「文明を広げる」との名目で発展途上国をどんどん植民地化していった。現在は方向が逆転し、「人権擁護」を旗印に、途上国の側から先進国を植民地化する動きが強まっている。今後ますます強まると見ざるを得ないことから、日本においても国境管理の厳格化、不法滞在者の速やかな本国送還等、しっかり対処していかないといけない。

ごく最近、産経新聞の特別班が、トルコのクルド人が集住する村を十日間にわたって取材し、優れたレポートを書いた。現在、埼玉県川口市などで、クルド系トルコ人が多数、就労を目的に来日し、滞在期間を延ばすため難民申請する状況が問題になっている。要するに偽装難民である。産経は現地取材によって、その実態を明らかにした。

また法務省が過去に行った現地調査の報告書を見ると、同様の行為が長期にわたって構造的に行われてきたことが分かる。そこで質問する。日本で難民申請したが認められずに帰国した人が、難民申請をしたかどでトルコで迫害された例は法務省においては把握していないと聞くが、その通りか。

○杉山政府参考人　お答え申し上げます。先生御指摘のような事例は、法務省としては把握してございません。

○島田委員　本国で、政府から正規のパスポートを発行され、高額の航空券を買えて、空港のチェックを何の問題なく通り抜けて旅行者として日本に来ている、もうこの時点で、普通に考えて難民ではないだろう。

ところが昨年の8月4日、当時の齋藤健法務大臣が、難民として認められず強制送還の対象となった在留資格のない外国籍の子どもに対し、かわいそうだからと特別在留許可を出した。子どもだけ置いて親は帰れとは言えないので親にも日本在留を認めた。鈴木馨祐《けいすけ》現法務大臣は、これを大変間違った決定だったと認識していると仄聞《そくぶん》する。

一般に帰国子女と言われる人たち、すなわち親の仕事の関係から海外で生まれ育ち、その後日本に帰ってきた人たちを誰も人権侵害の被害者とは呼ばない。慣れ親しんだ環境や友達と別れなければならない。気の毒ではあるが、これは日本における転校生一般にも言えることである。したがって、特段の人権侵害の被害者として難民同様に保護しないといけないという理屈は成り立たないと思うが。

鈴木大臣としては、齋藤健法務大臣が一回限りと言いつつ行ったような、難民不認定の子どもやその家族に特別在留許可を与えることは考えていないと理解してよいのか。

○鈴木法務大臣　2023（令和五）年の入管法の改正、改正入管法によりまして、保護すべき者は適切に保護をする、その一方で、送還すべき者はより迅速に送還をするという

ことが可能になりました。そのことを受けまして、今後、在留資格がないまま在留が長期化する子供の増加、それは抑制、抑止をすることが可能になったと我々は考えています。

その意味で、お尋ねの齋藤元法務大臣が示した方針については、本邦で出生し、既に在留が長期化している子供に対し旧法下で迅速な送還を実現することができなかったことを考慮して、一回限り、今回に限りということで、家族一体として在留許可を、特別許可をする方針で検討するというものでありましたので、今後、繰り返し行うことはございません。

「LGBT」が理由の新たな難民利権

2023年3月15日、大阪地方裁判所（森鍵一裁判長）が、「レズビアンであることを理由に、帰国すると迫害される恐れがある」として日本で難民申請したが、認められず、国を相手どって訴訟を起こしていたウガンダ人女性について、「難民の認定をしない旨の処分を取り消す」「難民の認定をせよ」とする判決を下した。

国が期限内（3月29日まで）に控訴しなかったためこの判決が確定し、女性は4月19日に、法務大臣の難民認定証を受け取った。時の法相は齋藤（自民党）。ＬＧＢＴを理由とした差別が許されないのは言うまでもないが、この対応には大きな疑問がある。

難民の地位に関する条約（難民条約）の適用を受ける難民とは、「人種、宗教、国籍もしくは特定の社会的集団の構成員であることまたは政治的意見を理由に迫害を受けるおそれがあるという十分に理由のある恐怖を有するために、国籍国の外にいる者であって、その国籍国の保護を受けられない者またはそのような恐怖を有するためにその国籍国の保護を受けることを望まない者」をいう。

大阪地裁も認める通り、ここでいう「迫害を受けるおそれがあるという十分に理由のある恐怖を有する」が該当するためには、当人がそうした恐怖を抱いているという「主観的事情」に加え、通常人が同じ立場に置かれた場合でも迫害の恐怖を抱くような「客観的事情」が存在していなければならない。

しかし最終的に大阪地裁は、「原告は『レズビアンであることを理由に迫害を受けるおそれがあるという十分に理由のある恐怖を有する』ものであると認められるから、原告は難民に該当すると認められる」と判示した。

この裁判において国側は、原告の主張の矛盾点、曖昧な点を問題にするとともに、ウガンダの現状について次のように説明した。

２０１４年反同性愛法は、大統領が署名し、成立したものの、ウガンダ憲法裁判所は、法案の成立に際し、憲法上議決に必要な定足数（議員の３分の１）が議会において満たされていなかったことを根拠に、同法は無効であると宣言した。…

ウガンダ刑法１４５条においては、自然の摂理に反する性交渉が違法とされ、終身刑が規定されている。しかし、同条を適用して起訴されることはほとんどなく、これまで有罪判決を受けた人はいないとされている。

反同性愛法についても、大統領やウガンダ政府は、新たな反同性愛法は必要ないとの見解を示しており、反同性愛法が再度成立する見込みはない。

原告は、本件不認定処分後である２０２１年（令和３年）に、ウガンダにおいて、同性愛を犯罪とする新たな法案（２０２１年性犯罪法案）が可決されたと主張するが、ウガンダでは、法案の成立には政府の支持、承認を要するところ、同法案が政府の承認を得て正式に可決する見込みはないし、そもそも同法案は、同性愛行為を犯罪とすることに焦点を当てたものではない。

大阪地裁は、この国側主張を、原告の「十分に理由のある恐怖」を打ち消す理由にならないとしたわけだが、少なくとも法務省は、控訴してさらに争うべきだったろう。

今後、レズビアンやゲイを主張すれば日本で難民認定を受けられるとなれば、潜在的には何十億人の外国人が日本に押し寄せ、難民申請することになりかねない。当時の政府（岸田首相、齋藤法相）の「控訴断念」という「逃げの判断」はきわめて無責任であった。

米国のトランプ政権は、不法滞在者の本国送還に力を入れている。バイデン大統領時代は、拘束された不法越境者でも、難民を主張すれば、裁判所での審理を待つ少なくとも数カ月の間、「仮釈放」されて就労できた。その間に姿を消す者も後を絶たなかった。トランプは「この慣行を終わらせる」と宣言し、その旨の大統領令に署名した。

米国や欧州諸国が、偽装難民対策を強化し、「常識への回帰」が進むほどに、「先進国で唯一甘い日本」に出稼ぎや犯罪目的の「難民」が殺到することになろう。

日本でもこれまでの米国同様、不法滞在者が入管施設への収容を一時的に解かれる「仮放免」制度がある。強制送還の処分が出ながら拒む者が対象で、誰でも予想できる通り、仮放免中の逃亡が多発し、不法就労や犯罪が問題となっている。無法地帯と化しつつある街もある。きれいごと抜きの、真剣な対応がまさに急務だが、日本は、立法、行政、司法ともに後手後手に回っている。実に危うい。

最高裁の浅く危険なトランスジェンダー理解

２０２４年12月12日と18日の2回にわたって衆議院法務委員会で、最高裁のトランスジェンダー理解の危険なまでの浅さを問題にした。

鈴木馨祐法相の発言は衆院ホームページにある会議録のまま、筆者の質問部分は、会話体を文章体に改め、時間の関係で割愛した論点を若干加えて整理した。ちなみに12日の議題は、検察官および裁判官の報酬増加の是非で（賛成多数で承認）、日本保守党のみ、最高裁裁判官の報酬増に反対した。まず、その日のやり取りである。

〇島田委員　私は、検察官および下級裁判所の裁判官の俸給、報酬を上げることには特に異論はないが、いま最高裁判所の判事の報酬を上げると、国会が間違ったメッセージを発することになると強く危惧している。

言うまでもなく、憲法において最高裁判所は違憲立法審査権を与えられている。しかしこれは、三権分立の理念に照らして非常に慎重かつ抑制的に用いられねばならない。ところが、いまの最高裁は、その意識が非常に弱いのではないか、また、あえて言えば、勉強も足りないのではないかと思っている。

具体例としては、昨年2023年10月25日のいわゆる経産省トランスジェンダー判決がある。この判決で最高裁は、国会が2003年に成立させた性同一性障害特例法の一部規定が違憲であるとした。すなわち生殖腺を取り除かないと性別変更を認めない、法の条文をそのまま引くと、「生殖腺がないことまたは生殖腺の機能を永続的に欠く状態にあること」を性別変更の条件とした規定は憲法違反であると15人一致で判示した。

私はそもそも、出生時の法的性別を変更可とすることに反対だが（周りがトランスジェンダーとして遇することは自由。しかし法的性別は変えられないとしておかないと様々な混乱が生じる）、最高裁の判断は、性同一性障害特例法そのものが持つ危険性をさらに高めるものである。

ちなみに、米国の連邦最高裁が、2020年に重要なトランスジェンダー判決を出している。LGBTだという理由で雇用差別をしてはならない、LGBTを理由にした解雇は許されないとするもので、至極当然の内容である。

その判決の中で、トランスジェンダーとトイレ、更衣室、ドレスコードの関係等については、まず連邦議会や州において熟議がなされるべきであり、最高裁が前のめりに判断を下すのは適切でないという抑制的司法の立場を明らかにしている。米最高裁は、これらの点に関して、いまだ判断は示していない。ところが、日本の最高裁は、国会が成立させたトランスジェンダー法の重要部分を頭ごなしに憲法違反と判示した。

この問題で最も注意を要するのは女性の保護、特に女性専用スペースにおいていかに女性の安全を守るかという点である。トランスジェンダーを自認する人の中には、精神医学的にオートガイネフィリア（自己女性化性愛症）と分類される人々がいる。

すなわち、生物学的男性であるが、女装し、女性の下着を付けたり、女性的しぐさをすることに性的興奮を覚える。しかし性的対象はあくまで女性。こういうタイプの人が、トランスジェンダーと称して女性専用スペースに入るのは極めて危険である。

ところが、最高裁の判決を個別意見も含めてすべて読んだが、オートガイネフィリアに対する言及が全くない。国会においてはそうした懸念も含めて法律を作ったはずだが、トランスジェンダーに関して基本的な勉強もしていない最高裁判事たちがこの法律の当該規定は憲法違反で無効だと決めた。非常に傲慢であり、司法の最高機関を担う資質を欠いていると言わざるを得ない。

したがって私は、国会が現在の最高裁判事たちの報酬を上げることは間違ったメッセージになると思う。大臣の所見を伺う。

○鈴木法務大臣　今の経産省トランスジェンダー訴訟についてという島田先生のお話でございますが、大変申し訳ありませんが、法務大臣としてということでこちらに立っておりますので、個別の判決について答弁ということは差し控えさせていただきたいと思います。

オートガイネフィリアについては、続く12月18日の法務委員会でも、より詳しく質問した。整理して引いておく。大臣の答弁部分は会議録のままである。

○島田委員　最後に、前回の質疑でも取り上げたが、性同一性障害特例法に関する最高裁の違憲判決は非常に問題だと思う。

簡単にポイントのみ指摘するが、トランスジェンダーを自称する男性には大きく2種類あって、一つは、生物学的には男性だが、自分が男の体であることに耐えられない、したがって、男性外性器を切除する手術を受けた。こういうタイプのトランスジェンダーが女性専用スペースに入ってきても、女性の身に特に危険が生じるとは考えられない。

しかし、もう一つのタイプであるオートガイネフィリア、すなわち女性の下着をはいたり女性的化粧をしたり、女性的しぐさをしたりすることに性的興奮を覚えるが、性的対象は女性。性的絶頂感は男性外性器を通して得る。だから性器の切除手術は頑なに拒む。

こういうタイプの自称トランスジェンダーが女性専用スペースに入ることは、女性にとって大変危険である。したがって私は、最高裁の判決は、全く世間を知らない、おかしなものだと思う。

仮に法的性別の変更を認めるとしても（私はそれに反対だが）、やはり外性器や生殖腺の除去が必須要件でなければ女性を保護できないと考えるが、個別の判例の評価は別にして、大臣の見解を伺う。

○鈴木法務大臣　当然のことながら、女性の安全、これは極めて大事なことであります。女性専用スペースの問題等も含めて、各施設の利用に関してということであれば、それはそれぞれ民間のところでございますし、各施設の管理者の判断に委ねることでありますので、法務大臣としてということでコメントは差し控えたいと思います。

その上で、法務省として申し上げるとすれば、性同一性障害特例法を所管しております。その特例法の定める要件、手続によって性別変更が認められた場合に、変更後の性別とみなされるということになります。

他方で、このような性別変更が認められない限り、本人がトランスジェンダーと称しているのみで性別変更を前提とした取扱いが認められるものではないというのが私どもの認識でございます。

最高裁の判事人事を国会承認制に

最高裁判決のおかしさについて、鈴木法相は答弁を避けている。それは三権分立の建前のもと、立場上、やむを得ないとしておこう。背景には、最高裁人事に関する日本国憲法の規定が、三権分立の理念に照らして、非常におかしいという制度的問題がある。

この点を指摘した筆者の質問を引いておく。トランスジェンダー判決への批判に続けて行った（2024年12月12日、衆議院法務委員会）。

○島田委員　関連で制度的な問題に触れる。年来、憲法改正のテーマにすべきと考えている問題である。いまの日本のシステムでは、最高裁判事の人事に国会は全く関与できない。たとえば会計検査院はじめ、現在39の政府機関の人事が国会の同意人事とされている。衆参両院の承認がなければ就任できない。

ところが、それらよりもはるかに重要な最高裁判事の人事については、内閣の指名だけで就任できてしまう。国会は素通りで全く関与できない。

一方、最高裁の方は、国会が通した法律を15人の判事の多数決で、一方的に無効化できる物凄い権限を憲法で与えられている。立法、行政、司法3権のチェック・アンド・バランス（抑制と均衡）という自由民主制の原則に照らせば、それなら国会の方も最高裁人事に関して何らかの発言権を持たねばバランスが取れない。ここは日本国憲法の大きな欠陥と言わざるを得ない。

たとえば米国では、行政府の長である大統領が最高裁判事候補を指名したのち、立法府の一部をなす上院司法委員会がオープンな公聴会を開き、質疑応答を経て、就任の可否を上院本会議が決める。

ちなみに米国の司法委員会は、日本で言えば、いま我々がいる法務委員会に当たる。まさにこの場に、内閣が最高裁判事に指名した候補を呼んで、果たしてふさわしい人物か否かを、質疑を通して判断する。法務委員会の報告を受け、国会の本会議が就任の是非を最終決定する。それが健全なシステムではないか。

そのためには憲法改正が必要になるが、私は、まさにこの法務委員会から改正の動きを起こすべきだと思う。最高裁が変な判決を出すと行政の現場も混乱する。その辺り、法務行政のトップとして大臣の見解を問う。

○鈴木国務大臣　今先生御指摘いただきましたように、やはり最終審としての違憲審査権、これを有するという、極めてある意味強大な権限を与えられた最高裁ということでありま

す。

三権分立ということの理想でいえば、立法権、また行政権に比して余りにも最高裁が強くなり過ぎる、これも確かにそこは妥当ではないというところ、そこもありますので、そういった意味で、行政権の責任者である内閣が最高裁判所の裁判官の任命を通じて、司法権の組織にある程度影響を与えるということを認めたのがこの趣旨というふうに承知をしております。

そういった意味で、内閣で判断するということこの任命でありますので、法務大臣というその立場からは、答弁は控えさせていただきたいと思います。

この鈴木法相の答弁の前半部分は、正しい問題意識を窺わせる。後半は不満だが、現憲法下の法務大臣としては、この辺りが限界なのだろう。

最高裁の人事に国会が関与し、開かれた公聴会を通じて国民に情報提供することは非常に重要である。国会議員のほとんど全てが、この点に関して、主張はおろか問題意識すら持たない現状には疑問を覚えざるを得ない。

第4章

「米国」を蝕むディープステート

トランプの公約は「ディープステート解体」

本章では、米国に目を移し、ディープステート（闇の政府）に対するトランプ政権の戦いを、国際政治に与える影響を視野に入れつつ、見ていきたい。

大統領選のキャンペーン中、トランプは「ディープステートを解体する」を公約として掲げた。米国の衰退を招いてきた官僚機構や政治家、ロビイスト、マスコミによる既得権益ネットワークに鋭くメスを入れ、米国民が本来持つエネルギーを解放すると主張したのである。実際、２０２５年1月20日の第二次トランプ政権発足直後から、ディープステート解体につながる大統領令を矢継ぎ早に打ち出した。

「ディープステート」は陰謀論的に語られることも多いが、最も本質的かつ建設的な定義は「独善的で頑なな官僚機構を中核とする勢力」である。進歩的なイデオロギーを衣装としてまとう場合が多い。米国でも日本同様、官僚の天下りがしばしば民間の公正な競争を阻害する。ディープステートの中心に財務省が位置する構図も日本と変わらない。

米国の覇権を支える最大の柱は軍事力と金融力である。金融力を象徴する場所は、ニューヨーク市マンハッタンにある金融街「ウォール・ストリート」だが、首都ワシントンの財務省と一体となって影響力を行使する。財務長官にウォール・ストリートの「大物」が就くことも多い。

ところで、米国外交における最大の武器の一つが金融制裁である。ドルが基軸通貨である状況が続く限り、米政府の特定の要求に従わなければ、米銀に口座を持たせない、あるいは口座から資金を引きだせなくする（凍結）という脅しは、他国の金融機関にとって「執行猶予付き死刑」に近い効果を持つ。ちなみに「執行猶予付き死刑」は中国の政治裁判の判決でよく下される。

もっとも、金融制裁はウォール・ストリートにとっても、その分の収益低下を意味するため、たとえば中国の中規模以上の銀行がターゲットとされると、制裁実施に反対する立場から、「友軍」の政治家や財務省、マスコミに働き掛ける場合が多い。政治家には献金の申し出が、マスコミには広告料の上積みが効く。逆に、頼みに応じないなら、献金や広告を止めると脅す。いくつか例を挙げておこう。

2020年5月、中国共産党政権が「香港国家安全維持法」を施行し、曲がりなりにも認めてきた香港の「高度の自治」を完全に押し潰した。

第一次トランプ政権は、対抗措置として、それまで中国企業と区別するかたちで与えていた香港ビジネスに対する特別優遇措置を全廃した。

しかし、追加で検討された金融制裁は結局、発動されなかった。当時、香港経由のドル取引は、香港上海銀行（ＨＳＢＣ、本拠地はロンドン）が取り仕切っていた。香港の金庫番と言うべきＨＳＢＣに取引規制を掛ければ、中国政府の資金調達コストは跳ね上がる。

ポンペオ国務長官が中心となり、対ＨＳＢＣ制裁をトランプ大統領に進言したが、「米国経済を傷つける」とウォール・ストリートが強く反対し、巻き返しに出た。ポンペオが言うとおり、「要するに彼らのボーナスが減るという意味」だったが、財務省はウォール・ストリート側に付き、同時に、国務省の親中派官僚たちも慎重論を唱えた。

ポンペオは当時を振り返って、「国務省は組合主導の、戦闘的なまでに消極的な、構造的情報漏洩マシーンである」と述べ、長官である自分の足を引っ張った省内ディープステートへの不満を吐露している。

結局、コロナ禍で米国経済も落ち込む中、「金融戦線」で無理はできないとの判断から、トランプが慎重論に与し、ＨＳＢＣ制裁案はお蔵入りとなった。数次にわたって中国に「関税戦争」を仕掛けたトランプでも、金融制裁の壁は厚かったわけである。

もう一つの興味深い事例は、２０２２年の「台湾政策法案」をめぐる動きである。米国と台湾の軍事協力の深化や台湾の国際的地位向上を目指した諸々の外交的措置などとともに、中国が台湾圧迫を強めた場合、金融制裁を発動することも、上院で有志議員が出した原案には含まれていた。

しかし、投資環境の乱れを嫌うウォール・ストリートから働き掛けを受けた財務省が強く難色を示し、金融制裁規定は最終段階で落とされることになる。

台湾政策法案は結局、「台湾抵抗力強化法」と名称変更した上で、2022年暮れ、「2023年度国防権限法」に組み込まれるかたちで成立した。国防権限法は、翌年度の軍事予算と関連法案を一まとめにした包括的法案で、毎年、年末あたりに成立する。

台湾に関する部分を見ると、まず、「米国による有効な対処の前に、中華人民共和国が台湾を侵攻し支配し、既成事実化する」のを阻止することが政策目標と謳われている。そのために、5年間で最大100億ドルの台湾軍事支援予算を確保し、台湾からの武器購入要請には優先的かつ速やかに応じると規定された。

有事における即応性を高めるための米台合同軍事演習の実施も盛り込まれた。毎年5～10人程度の米政府職員の台湾派遣や国際機関への台湾参加を促す外交措置なども規定された。日本の姿勢とは比べ物にならないぐらい踏み込んでいる。

一方、2022年9月に台湾政策法が上院外交委員会を通過した段階では残っていた「中華人民共和国が軍事力を行使した場合に、直ちに招来する深刻な結果を、あらかじめ示しておく」とした部分は削除された。そのための具体的な武器とされていたのが金融制裁であった。

同年6月、上院に最初に付された原案には、「中華人民共和国政府が2021年12月1日以前に存在した敵対状況に比べ、顕著に敵対行為をエスカレートさせた場合、大統領は金融制裁を含む制裁を発動せねばならない」との記述があった。

しかも制裁対象となる金融機関名が、中国工商銀行、中国建設銀行、中国銀行、中国農業銀行の中国4大商業銀行をはじめ、具体的に列挙されている。中国のみならず、ウォール・ストリートにも強い衝撃が走ったであろうことは想像にかたくない。

9月の上院外交委員会修正案では、金融機関の具体名が削除され、「中華人民共和国における、少なくとも最大規模の国有銀行3行を含む国有銀行5行」とぼかされたものの、金融制裁の骨格は残されていた。しかし先述の通り、議会指導部およびバイデン政権との調整を経て最終的に成立した法律では、中国に対する金融制裁規定は全て削除された。「深刻な結果を、あらかじめ示しておく」効果が相当弱まったことは否めない。

もう一つ例を挙げておく。2005年、ブッシュ長男政権が、核開発を進める北朝鮮に対する制裁の一環として、北の資金洗浄（マネーロンダリング）係だったマカオの中国系銀行バンコ・デルタ・アジアに金融制裁を発動した。不正行為「懸念先」に指定し、米銀との取引を禁止する手法が取られた。

この時、制裁メニュー案の作成に当たった政権内の特別チームは、同様の資金洗浄に関与していた、中国4大商業銀行の一つ中国銀行（Bank of China）も、金融制裁の対象とするようヘンリー・ポールソン財務長官に進言した。しかし、米国金融界への負の影響が大きいとしてポールソンが首を縦に振らず、結局、見送りとなった（ポールソンは、ウォール・ストリートの金融最大手ゴールドマン・サックスのCEO出身）。

これに納得できなかった特別チームは、「中国銀行も制裁に向けた調査対象」という情報をウォールストリート・ジャーナルに流し、同紙が記事にした。

その結果、中国銀行の取引先に動揺が走り、一部では取り付け騒ぎまで起こった。慌てた中国銀行は北朝鮮との取引を自粛するに至る。ウォール・ストリートの意を受けた財務長官の「慎重姿勢」を、下僚たちが、ウォールストリート・ジャーナルへのリークで、ある程度打ち崩したわけである。

なお、2007年4月、前年10月の北朝鮮による初の核実験に動揺し、「交渉による核廃棄を真剣に考える」という北の虚偽主張にたぶらかされたブッシュ政権は、かなりの効果を上げていた金融制裁を解除してしまった。

この外交的失態の中心にあったコンドリーザ・ライス国務長官について、制裁特別チームのあるメンバーが後年、筆者を前に次のような言葉を漏らした。

「コンディは、頭は切れるが賢くはない」(Condi is bright but not smart.)。彼の苦々しい表情とともに、印象に残っている。

不法移民利権の「聖域」に斬り込む

トランプは、第二次政権の発足と同時に、リベラル派主導の各種の利権構造に、大統領令を武器に次々と斬り込んだ。大統領令は、軍や連邦政府の各機関に対し、行政の長である大統領が、法執行に関して指示を与える建前である。

しかし、実際にはしばしば、法の委任範囲を超えた行政権の濫用ではないかと問題化する。ただし2025年1月以降、上下両院もトランプ大統領の与党たる共和党が多数を占めているため、議会との間で重大な緊張関係が生じるとは考えにくい。

したがって左翼勢力は、「違法な」大統領令の差し止めに向け司法に救済を求めることになるが、司法の頂点にある連邦最高裁が6対3で保守派優位のため、トランプ側が法廷闘争でも基本的に有利な立場にある。

そして現在の保守派の最高裁判事たちは皆、行政権は大統領に集約され、大統領の指揮権は行政各部に及ぶという「一元的執行理論」(Unitary executive theory)の立場を採っている。特定の大統領令が適法か違法かという問題とはひとまず別だが、これは大統領に大きな裁量の余地を認める法理論である。

まず、不法移民利権を崩すべく発出されたトランプ大統領令を見ておこう。不法在留外国人(Illegal aliens)をめぐっては長年にわたり、「人権派」を標榜する政治家や左翼NGO、弁護士などが連携して、「共生を目標とした人道的対処を」を合言葉に一大利権勢力を構成してきた。第3章で日本の場合を見た通り、先進国のいずれにおいても、先鋭なかたちで問題化している。

冷戦末期に米大統領を務め、トランプも畏敬の念を表明する保守派のレジェンド、ロナルド・レーガンはかつて、利益集団と議会とニュース・メディアの結託を「鉄の三角形(Iron triangle)」と呼んだ。今日におけるディープステート批判の先駆けと言える。しかしそのレーガンも、不法移民対策では、対処を誤り、大きな禍根を残した。

当時も不法越境者、不法滞在者が増え続け、抜本的対応が迫られていた。レーガンは「人道的対応」（すなわち甘い対応）を求める勢力と不本意ながら妥協し、「一回限りの措置」として、すでに「定住」している者については市民権を与える特赦（アムネスティ）を行った。国境管理を大幅に強化するという議会側の約束との引き換えだった。

しかし、予想された通り、議会での具体的論議は進まず、いずれまた特赦があるとの期待のもと、不法滞在外国人は、その後も増え続けた。レーガンおよび議会の対応が抑止力を低下させたわけである。

「レーガンですらリベラル派の罠にはまった」こうした苦い経験が、トランプの「妥協なき不法移民対策」の背景にある。

一方、リベラル派は、不法越境者やビザの切れた不法滞在者でも、難民申請を行った瞬間に合法滞在者となり、就労も運転免許取得も認めるべきという立場を取る。

「近々難民と認定され、普通の米国人と同じ立場になるであろう人たちを差別してはならない」というわけである。

自治体全体としてこうした立場を取るのが、民主党の首長が主導する通称「サンクチュアリー・シティ（聖域都市）」である。連邦政府が不法移民の摘発や強制送還を行おうとしても、これらの都市は協力を拒否する。まさに不法移民にとっての聖域と言える。

トランプは、第二次政権発足の当日、２０２５年1月20日に「米国民を侵略から守る」大統領令を発した。その中に次の一節がある。

司法長官と国土安全保障長官は、法の許す最大限において、連邦法の合法的な執行を妨害しようとするいわゆる『聖域』地域が連邦の資金を得ることが決してないよう、あらゆる合法的措置を取らねばならない。さらに、それら地域の妨害の態様に応じて刑事、民事を問わず法的責任を追及せねばならない。

すなわち、聖域都市に連邦の補助金を供与してはならず、方針を変えない市長については訴追に踏み込むべきとの趣旨である。バイデン時代とは様変わりと言える。

南部国境地帯に非常事態宣言

同じく第二次政権の発足初日、トランプは、国家非常事態法に基づく大統領令として、「米国の南部国境における非常事態宣言」を発出した。次のような状況認識に基づくとしている（要約）。

米国の主権が攻撃に晒されている。我々の南部国境は、犯罪カルテル、テロリスト、人身売買者、密輸人、麻薬の売人などに蹂躙《じゅうりん》されている。外国のギャングが都市の一部を支配し始め、地方の警察の対応力を超えるに至っている。

現存する脅威の重大性と緊急性に鑑み、南部国境の実効支配を確保するため、国土安全保障省を支援するかたちで、軍があらゆる適切な行動をとる必要がある。私は国防長官およびその指揮下にある各軍の長官に対し、しかるべき措置を取るよう命じる。

これはたとえば、メキシコと国境を接し、不法越境者対策をことごとくバイデン政権に妨害されてきたテキサス州のグレッグ・アボット知事（共和党）らにとっては、大いなる朗報であり、文字通りの援軍だろう。

バイデン時代の甘い不法移民対応にたまりかねたアボット知事は2023年7月18日、不法越境者の最大渡河地点であるリオグランデ川の要所に、約300メートルにわたって、球状ブイをチェーンで連ねたバリアを設置した。泳いで渡ろうとしても、直径150センチ余りの回転するブイを乗り越えられず、そこで遮られる。

不法越境者の流入阻止に相当な効果を上げたが、バイデン政権の司法省が、この装置は非人道的である上、船舶が航行可能な川に構造物を設置する場合、陸軍工兵部の許可を得ねばならないとした１８９９年の河川港湾法に違反するとして、撤去を求める訴訟を起こした。バイデン国務省の担当官も、バリアの設置はメキシコとの関係を悪化させかねず、外交的観点からも撤去が必要との意見を法廷で述べた。

政権を挙げてテキサス州と対峙したわけである。

２０２３年９月６日、同地域を管轄する連邦地裁判事が、バイデン政権の言い分を認め、ブイの撤去を命じたが、アボット知事は、連邦政府が国境管理の責任を放棄したため、やむなく州がとった措置を、国と一裁判官が無効化するなど許されないと控訴した。

テキサス州は２０２３年10月、リオグランデ川沿いに有刺鉄線の設置も行った。しかしこれも、バイデンの指示を受けた国境警備員が切断し撤去した。アボット知事は州の資産の損壊として連邦政府を相手取って訴訟を起こした。

２０２４年７月、控訴審はテキサス州の言い分を認め、さらに２０２５年１月からはトランプ政権に替わったため、アボット知事は、政権の全面協力を得つつ、ブイ・バリアの設置範囲を広げている。先のトランプ大統領令「米国の南部国境における非常事態宣言」には次の一節もあった。

国防長官と国土安全保障長官は、南部国境において、追加の物理的バリアを構築するた

めに、法の範囲内で、適切なすべての行動をとらねばならない。両長官はまた、可能な限り、南部国境の安全保障を改善するため物理的構築物の設置に協力しようとする州知事と協同しなければならない。

ここでも、まさにバイデン時代から180度の転換である。

大統領復帰から約10日後の1月29日、トランプはレイクン・ライリー法（ジョギング中に不法滞在外国人によって殺害された22歳の女子看護学生の名に由来する）に署名し、成立させた。殺人、暴行などの重罪だけでなく、窃盗行為など比較的軽い罪で逮捕された不法移民についても、拘束継続を義務付ける内容である。

トランプは、レイクンの母親も参加した署名式で、「我々は（米軍が管理するキューバの）グアンタナモ基地に、米国人を脅かす最悪の犯罪外国人を収容する3万床のベッドを持っている」と語っている。不法入国自体が違法行為であり、米国内でさらに犯罪を重ねた者は拘束を解かず、そのまま本国に強制送還するというのは常識的な対応と言える。

日本も、「犯罪歴のある不法滞在外国人を速やかに本国に送還する」という方針を基本に、厳正かつ速やかに対処すべきだろう。特に相対的に弱く、狙われやすい女性や子どもを守る観点から、厳格な法執行が必要である。

難民利権に踏み込む大統領令

これも第二次政権の発足初日、トランプは「米国難民受け入れプログラムの再編」と題する大統領令を出し、難民利権にも斬り込んだ。

「難民受け入れプログラムの運営においては、公共の安全と国家安全保障の確保を最重視し、米国に完全かつ適切に同化できる難民のみを受け入れ、税金を米国市民のために確保することを確実にせねばならない」との認識から、難民受け入れを停止し、例外的に、難民としての入国が国益にかない、安全や福祉に悪影響を及ぼさないと国務長官と国土安全保障長官が一致して判断した場合のみ受け入れてよいとした。

本国での「迫害の恐れ」を誇張する出稼ぎ目的の偽装難民を排除するのはもちろん、難民の要件を一応満たしていても、米国の福祉システムに全的に頼るようでは受け入れられないとの趣旨である。

トランプ政権は同時に、バイデン政権が進めた「キャッチ・アンド・リリース（再放流）」をやめ、「メキシコに留める」政策を復活させた。

キャッチ・アンド・リリースはもともと、捕えた魚をその場で川や海に戻す行為を指す釣り用語だが、転じて、拘束した不法入国外国人を強制送還したり、収容施設に入れたりせず、米国社会に仮放免する政策を指すようになった。

「メキシコに留める」は第一次トランプ政権が難民申請者に対してとった政策で、審査の順番が来るまで、国境のメキシコ側で待つよう求めたものである。

バイデン政権は、国境近くでキャンプ生活を強いるのは非人道的だとしてこれを打ち切り、米国内の知人宅などで審査の順番を待つことを認めた。当然ながら、指定された日時に難民審判所に現れず、そのまま姿を消す人が続出した。いかなる理屈をつけようが、不法在留者の仮放免は、現実に逃亡や不法就労、犯罪の温床となっている。

なお、トランプは関税を武器に、国境警備官1万人の増強もメキシコ政府に受け入れさせた。米国自身が不法越境者対応を強化するだけでなく、隣国にも強制的に協力させるという姿勢である。世界がこうした方向に動く中、「最も甘い先進国は日本」となれば、潜在的には数十億人が日本に「難民」として押し寄せる。待ったなしの対応が必要だろう。

不法在留外国人の子どもに生得市民権を否定

トランプは、第二次政権発足の初日、1月20日に「米国市民権の意義と価値の保護」と題する大統領令にも署名した。

南北戦争（1861〜1965年）終了から数年後の1868年に成立した米国の合衆国憲法修正第14条は、その第1項で次のように規定する。

合衆国内で生まれまたは合衆国に帰化し、かつ合衆国の管轄に服する者は、合衆国の市民であり、かつ、その居住する州の市民である。いかなる州も、合衆国市民の特権または免除を制約する法律を制定し、または実施してはならない。

これは何よりも、奴隷状態から解放された黒人に市民権を与える趣旨であった。ところがその後、この規定は、不法移民の子どもでも米国で生まれれば自動的に米国籍を与えられるという主張の根拠に使われるようになった。

トランプを含む米保守派は、「不法越境者が産む子に自動的に国籍を与えるほど馬鹿な国は米国だけだ」と、年来、不法移民や旅行者は「生得市民権」（Birthright citizenship）の対象外にすべきと唱えてきた。

米国内で生まれても、たとえば外国外交官の子どもの場合、「合衆国の管轄」に服さない存在として、米国籍は与えられない。一方、不法越境者の子どもの場合は米国籍が与えられてきた。常識的に考えておかしいが、実際、そのような運用が行われてきたわけである。米国以外にこうした鷹揚《おうよう》な「生得市民権」制度をとっている国はない。

トランプはこの状態を変えるべく、以下の大統領令を発した。

米政府のいかなる部署も、次のような人物に対して、米国市民権を与える文書を発行してはならず、州政府その他が発行した同種の文書を受け取ってもならない。(1) 出生時において、その人物の母親が不法に米国に滞在しており、父親が米国市民や永住権保持者でない場合、(2) 出生時に、その人物の母親の米国滞在が合法だが一時的なものであり、父親が米国市民や永住権保持者でない場合。

要するに不法滞在者や旅行者の子どもには、たとえ米国の地で生まれても市民権を与えないとする内容である。今後、憲法解釈をめぐり、法廷闘争が展開されることになろう。既往に照らして、左翼人権派は、不法移民の子であれ、米国領内で生まれた瞬間に自動的に市民権を与える無条件の出生地主義を継続せよと訴えるだろう。

こうした運用のもとでは、不法滞在者であっても、米国内で子どもを産めば、その子は米国市民となり、親だけ強制送還するわけにはいかないため、親も含めて米国に居続けられることになる。赤ん坊が家族全体を米国に「停泊させる錨《いかり》」になるという意味で、「錨《いかり》ベイビー」(Anchor baby)と呼ばれてきた現象である。

トランプ大統領令が示すケース（2）は、米国への「出産ツアー」を排除する狙いを持つ。従来、子どもに米国籍を得させることをもっぱらの目的として、出産間際に旅行者として渡米する、とりわけ中国人、韓国人のケースが問題になってきた。国際常識に照らして、当然の法解釈変更だろう。

女性スポーツ界を混乱させる「性自認」問題

2025年2月5日、トランプは、「女性スポーツから男性を排除する」大統領令に署名した。性自認が女性と称するトランスジェンダー（生物学的には男性）がスポーツの女性部門に参加することを認めてはならないとする内容である。

まず次のような基本認識を示す。

近年、多くの教育機関やスポーツ協会において、女性スポーツで男性が競技することが許されてきた。

これは女性および少女にとって屈辱的で、アンフェアで、かつ危険である。また女性および少女が競技スポーツに参加し、秀でるための公平な機会を奪うものである。

この認識に立って、トランプは次のような指示を出した（要約）。

女性および少女から、フェアなスポーツの機会を奪い、危険や、屈辱、沈黙を招き、プライバシーを奪う教育プログラムへの資金拠出をすべて打ち切る。

国務長官と国連大使は、女性スポーツのカテゴリーが性ではなく性自認に基づくスポーツ交流その他のスポーツ・プログラムへの支持と参加を打ち切らねばならない。

国務長官は、国際オリンピック委員会が女性スポーツへの参加資格を性自認やテストステロン値ではなく、性によって決定するようあらゆる手段を用いねばならない。

そして「性」の定義は「ジェンダー・イデオロギーの過激主義から女性を守り、連邦政府に生物学的真実を取り戻す」と題した大統領令（就任日の1月20日に発出）によるとしている。そこにはこう記されている。

「性（sex）」は、男か女かという、個々人の、変えることのできない生物学的分類をいう。「性」は「性自認（ジェンダー・アイデンティティ）」と同義語ではないし、それを概念としても含まない。

「女性」とは、受胎時において、大きな生殖細胞を作り出す性に属する人を意味する。「男性」とは、受胎時において、小さな生殖細胞を作り出す性に属する人を意味する。

少なくとも一つの明確な科学的定義と言えるだろう。家族や友人、知人間で特定人物の性自認を尊重し、トランスジェンダーとして遇するのは自由だが、法的な性は変えられないとしておかないと様々な混乱を生む。トランプ大統領令はさらに「連邦の資金は、ジェンダー・イデオロギーの推進のために使われてはならない」と資金面からも歯止めをかけている。これまた、常識への回帰と言えよう。

これは何ら「トランプの暴走」ではない。議会共和党はほぼ一致して、性と性自認をめぐるトランプの方針を支持している。リベラル・メディアの世論調査でも、6割超の米国人が支持との結果が出ている。

「性、性自認、性的志向に基づく差別の禁止」を謳った民主党提出のLGBT法（名称は平等法）案は、共和党議員の全員が反対する状態が続いており、成立の見込みはない。

共和党の反対理由は以下の通りである。

（1）差別の定義が曖昧で、左翼活動家や反社会的勢力の利権増進に悪用、濫用される。

（2）特別法は一般法に優越するという法の一般原則に照らし、トランスジェンダー「差別」を禁じる特別法を作ると、トランスジェンダーの権利が女性の権利の上に置かれることになり、伝統的な女性の保護を掘り崩す。

（3）LGBTイデオロギー教育が強化され、まだ性観念の曖昧な児童を危険なかたちで混乱させる。

（4）信仰の自由への配慮を欠く。

米国では、保守派のロン・デサンティス知事が主導した、高校生以下の教室で性的指向・性自認に関する「指導」を行ってはならないとするフロリダ州法に倣う自治体が増えつつある。子どもを左翼のLGBTイデオロギー「教育」から守るための措置である。

「女性スポーツで男性が競技する」不公正として最も物議を醸したのは、米ペンシルベニア大学の水泳選手リア・トーマスのケースである。「ウィリアム・トーマス」の名で男子部門に出ていた大学2年までは全米462位の平凡な選手だったが、トランスジェンダー宣言して女子部門にエントリーして以来、各種大会で次々優勝をさらうに至った。

ある大会でトーマスに敗れた2位の女子選手（生来の女子）は、2020年東京オリンピックの銀メダリストである。女子のトップアスリートでも中位クラスの男子選手に勝てない現実がある。骨格、筋力、肺活量などで性差がある以上、当然だろう。

ちなみにトーマスは身長185センチメートル、肩幅も広く、体形は完全に男である。性転換手術も受けていない。

男女以外にトランスジェンダー部門を設け、そこに出たらどうかという案に対しトーマスは「それでは自分たちが疎外感を覚える。数も少な過ぎて、大会にならない。自分は心の性である女性として好きな水泳を続けたいだけ。誰の許可も必要としない。女子部門で五輪を目指す」と答えている。

体格の劣る生来の女性にとって不公平ではないかとの問いには、「ルールを決めるのは協会。自分は規定作りの専門家ではない」とかわす。広く物議を醸したのも当然だろう。抗議の声を上げた女子選手もいたが、逆に差別主義者として左翼活動家らからの仮借ない攻撃に晒された。

トランスジェンダーだけなら数が少なすぎて大会にならないというなら、「生来の女子部門」と「無差別部門」（男女、トランスジェンダーを問わず誰でも出られる）に分けるという解決策もある。トーマスは無差別部門に出ればよい。

重要な大会でトランスジェンダー選手に敗れた結果、スポーツ奨学金が得られず、大学進学を断念したといった女子の被害例も少なからず報告されている。

ちなみに、逆に出生時は女性だった大学生アイザック・ヘニックは、8カ月のホルモン投与後、ある水泳大会の男子部門に出場したが83人中79位に終わった。女子時代は全米5位だった選手である。

明らかに、公正性が問われるのは男が女に「性自認」を変えるケースであり、被害を受けるのは一方的に女性という構図が鮮明である。

安易な性転換手術で後悔する子どもたち

トランプはまた、2025年1月28日付けで、「子どもたちを化学薬品および手術による身体切断から守る」大統領令を発出した。

まず次のような基本認識を述べる（要約）。

今日、国中において、医療専門家らが、一連の不可逆的な医学的介入を通じて大人が子どもの性を変えられるという過激で間違った主張に基づき、ますます多くの影響されやすい子どもたちの身体を毀損し、不妊化している。この危険な傾向は我が国の歴史における汚点であり、終わらせねばならない。

無数の子どもたちが、身体切断をまもなく後悔し、決して自らの子どもを孕むことができない、あるいは自らの子どもに授乳できない体になったという恐るべき悲劇に直面することになる。さらに、これら弱い若者は、しばしば生涯にわたって合併症に囚われ、医療費は人生を通じて上がり続ける。

こうした現状認識に基づき、トランプが政府各部に指示した内容は以下の通りである。**したがって、合衆国政府は、子どもたちにおける、一つの性から別の性へのいわゆる「移行」に資金拠出や促進、支援を行わない。そして、これらの破壊的で人生を一変させる処置を禁じ、制限するあらゆる法を厳密に施行する。**

この大統領令では、「子ども」を19歳未満の人と定義している。学齢でいえば高校生以下に当たる。

ロン・デサンティス知事のフロリダ州などでは、類似の内容を持つ州法がつとに成立していた。全米を対象にした大統領令の発出に向け、機は熟していたといえるだろう。

左翼活動家らは裁判闘争で阻止を図るだろうが、連邦政府の立場として、常識に適った政策である。子どもの場合、一時の気の迷いで手術して、後年、激しく後悔する例が少なからずある。取り返しがつかない誤りから児童生徒を守るのは大人社会の責任である。なお19歳以上の人物の性転換手術については、自己責任として、規制対象にしていない。

民間雇用と軍事雇用で異なるLGBT方針

米国最高裁は2020年に、LGBTであることを理由とした解雇や採用拒否は公民権法に定められた「雇用機会の平等」に反するとの判断を下した。あくまで就職や雇用継続に限定した上での「差別の排除」だった。

判決の中で特に、トイレや浴室など女性専用スペースとトランスジェンダーの関係については、連邦議会や州の熟議に待つと記し、「抑制的司法」の立場を明らかにしている。

国会がLGBT「利権法」を拙速に通し、それに影響された最高裁が、女性の保護を危うくするような判決を次々前のめりに出した日本とは、米国の場合、議会、裁判所の姿勢とも大きく違う。日本は、政界や司法界にバランスの取れた「常識派」が少なすぎるということだろう。

活動家利権と結びついたLGBTイデオロギーは、反社会的勢力の恐喝にも利用されるほか、「女性の保護」を脅かし、取り返しのつかないかたちで子どもを混乱させるなどマイナス面が大きい。その認識が、米保守派の間でははっきり保たれている。トランプはその戦闘的な代表者であるにすぎない。

トランプは、第二次政権発足から一週間後の1月27日、「軍事的優秀性と即応性を優先」と題する大統領令を出し、トランスジェンダーを自称する人物を兵士として採用しない方針も打ち出した。まず次のような認識を示している（要約）。

米軍は明確な使命を有している。世界一破壊的かつ効果的な戦闘力として、米国民と国土を守ることである。生死の掛かったこの使命の遂行には、必要な戦士精神の涵養《かんよう》に専心することが求められる。軍の優秀性の追求は、部隊の結束に害となる政治的計画やその他のイデオロギーによって薄められてはならない。

しかし近年、軍は、軍事的要請に無関心な活動家に迎合するかたちで、過激なジェンダー・イデオロギーに毒されてきた。個人の性と乖離した偽の「性自認（ジェンダー・アイデンティティ）」を表明することは、軍務に必要な厳格な基準を満たすことと合致しない。男が自らを女であると主張し、周りが彼の虚偽を尊重するよう求めることは、兵士に求められる謙虚さと無私の精神に合わない。

性別違和に悩まされる人は、米政府が兵士に求める高い戦闘基準を満たせない。特別な作戦上の必要がない限り、軍は、女性用の睡眠、更衣、入浴施設を、男性が使用ないし共用するのを許してはならない。女性についても同様であり、男性用施設を使用ないし共用させてはならない。

トランプは同日に開かれた共和党下院議員団との会合で、「世界最強の戦闘力を確保するため、米軍からトランスジェンダー思想を徹底的に排除する」と述べ、大統領令の遂行に向けた決意を明らかにしている。

米軍には、トランスジェンダーを自称する兵士が1万人前後いるとされる。トランプがとりあえず指示したのは、今後、すべての兵士を受胎時の性に基づく人称代名詞で呼び、生物学的男性には男性の、生物学的女性には女性の施設を使わせるというに留まる。現に兵士として勤務するトランスジェンダーを解雇するといった話ではない。

しかし当然、トランプ大統領令で性自認を否定され、耐えられないとして除隊するトランスジェンダー兵士も出てくるだろう。今後の採用にも影響するはずである。左翼弁護士が多数の訴訟を起こすことは必定で、成り行きが注目される。

「多様性利権」に本格的メス

第二次トランプ政権は発足直後から、進歩派イデオロギーの大看板であった「多様性」にも本格的に挑戦した。バイデン時代に、広く深く浸透が図られたＤＥＩ利権である。

ＤＥＩは、Diversity（ダイバーシティ、多様性）、Equity（エクイティ、公平性）、Inclusion（インクルージョン、包括性）の頭文字を並べたもので、推進者によれば「差別のない社会」を目指す運動を意味する。一見美しく響くが、実際にはしばしば実力でなく外面で人を選別する「逆差別のある非効率な社会」に帰着する。

カギになる用語に関して一点指摘すると、平等と訳されるEquality（イクオリティ）と公平と訳されるEquity（エクイティ）には、コンセプトに決定的な違いがある。簡単にいえば、全員を同じ基準で扱うのがEquality、同じ基準では勝てない者に「踏み台」を与えるのがEquityである。

当初、共和党の大統領予備選に名乗りを上げ、その後トランプ陣営の華々しい論客となったインド系の若手投資家ビベック・ラマスワミが巧みに事態を表現している。「多様性を優先すると実力がないがしろにされる。実力を優先すると、しばしば多様性も得られる」(If you prioritize diversity, you lose merit. But if you prioritize merit, you'll often get diversity too.)

やはり就任初日の1月20日、トランプは、「過激で無駄な政府のDEI（多様性・公平性・包括性）プログラムと優遇措置の終了」と題する大統領令に署名した。

まず次のような認識を示す（要約）。

バイデン政権は「多様性・公平性・包括性（DEI）」の名で知られる違法で不道徳な差別プログラムを、航空機の安全から軍に至る、連邦政府のほぼすべての面において強制

した。その結果、莫大な浪費と恥ずべき差別を生んだ。本日をもってこれらは終わる。米国人にふさわしいのは、すべての人に平等な尊厳と敬意をもって奉仕し、貴重な納税者の資源を、米国を偉大にするためだけに使う政府だ。

そして行政の長として、次のような指示を発した。

行政管理予算局長は、司法長官および人事管理局長の協力を得つつ、連邦政府における違法なDEIプログラムを、いかなる名称のもとで実施されているものであれ、終了させねばならない。また、連邦におけるすべての現存の雇用慣行、組合との合意、訓練内容を、この指示に合致するよう見直さねばならない。

人事評価は、DEIを考慮に入れることなく、常に個人の独創性、技量、実績、刻苦に報いるかたちで行わねばならない。すべての省庁や委員会は、60日以内に、法が許す最大限において、DEIや「環境正義」に関する部局や職を廃止せねばならない。

バイデン政権は、連邦政府と取引する民間事業者についても、どの程度ＤＥＩに即した人事を行っているかを、入札に際しての選考ポイントとしていた。トランプ政権はこれも排した。この大統領令は、民間企業の人事にも、常識に回帰する方向で少なからぬ影響を与えるだろう。

1月22日付けでホワイトハウスが発表した、大統領令に関する概況報告（ファクトシート）にはこうある。

民間においては、多くの企業や大学が、DEIを、偏った違法な雇用慣行や不法な優先入学を行うための言い訳に用いてきた。DEIの基礎的なレトリックや考え方がグループ間に敵意や権威主義を醸成させるという事実は無視された。

米軍においても、バイデン政権は、女性兵士の比率を増やすため、体力テストの合格基準を下げるといった本末転倒の対応を続けた（腕立て伏せは10回だけできればOKとするなど）。これには、従来の厳しい体力基準をクリアして部隊に配属された女性兵士からも強い不満の声が聞かれた。兵士にとっては、戦場で負傷した際に、自分を安全な場所まで引きずっていける体力を持つ同僚か否かが戦友意識の基本になる。

バイデンのDEI政策の結果、女性兵士全般が以前より肉体的に弱いと見られるに至り、男性兵士たちが女性と組むのを嫌がるようになった。かつての厳しい基準に合わせて肉体を鍛えてきた女性兵士にとっては、非常に不本意な話だろう。

バイデン時代には、軍学校や各種の軍事研修においてもLGBTイデオロギー教育が進められ、批判的人種理論（米国は人種差別が構造的に根付いた国家だという理論）もカリキュラムに入れられた。

米国では、特に陸軍兵士の場合、約8割が軍人家庭の出身であった。ところが、もうこんな左翼イデオロギーの実験場のような軍には息子を入れたくないという気分が保守層の間で蔓延し、軍人家庭からの入隊希望者が相当減ったという。

トランプは、1月27日付けで「米国の戦闘部隊を取り戻す」と題した大統領令を追加発令し、その中で、「国防総省および軍や沿岸警備隊の教育研究機関において、人種や性、建国史に関して非米国的で、分断を生み、差別的で過激、極端かつ非合理な理論を教える人物を雇用してはならない。すべてのDEI部局を廃止せねばならない」と指示した。

当然ながら、旧来の軍人家庭からは歓迎の声が上がっている。

「国際援助利権」との決別

大統領令ではないが、2月3日、ホワイトハウスが、「米国国際開発庁(USAID)における浪費と職権乱用の根は深い」と題する声明を出した。国際的に大きなニュースとなったものである。まずこの政府機関について、次のような認識を示している。

数十年にわたって、USAIDは、納税者に何ら責任ある説明をせず、既得権にしがみ

つく官僚たちが好む、馬鹿げた──そして多くの場合、害意を持った──事業に巨額の資金を投じてきた。まともな監査はほとんどなかった。

ＵＳＡＩＤが扱う予算は、２０２３会計年度の数字を見ると、４００億ドル（約６兆２０００億円）超となっており、米国の国際援助予算全体（約７２０億ドル）の６割近くを占めている。

トランプ大統領は、海外派遣組も含め１万人以上いる職員を２９０人に削減する方針を示した。明確に保健や人道支援を担当していると言える職員だけを残し、本来の役目たる人道支援に特化したかたちで事業を継続させるという。正しい方向だろう。

声明では、「浪費と職権乱用」の例として次の「援助事業」を挙げている。トランプはこれらを「とてつもない詐欺（Tremendous fraud）」と呼んでいる。

・「セルビアの職場や経済界におけるＤＥＩ（多様性、公平性、包括性）」を促進するために１５０万ドル
・アイルランドの「ＤＥＩミュージカル」の製作のために７万ドル
・ベトナムの電気自動車のために２５０万ドル
・コロンビアの「トランスジェンダー・オペラ」のために４万７０００ドル

・ペルーの「トランスジェンダー・コミック」のために3万2000ドル
・グアテマラの性転換と「LGBT運動」のために200万ドル
・エジプトの旅行促進のために600万ドル
・テロ指定組織とつながりのある非営利団体に、監察長官が捜査を始めてのちも、数十万ドルを供与
・中国の武漢ウイルス研究所(筆者注：トランプ政権はここから新型コロナウイルスが漏れ出て世界的パンデミックにつながったと見ている)の研究に関与していた非営利団体エコヘルス・アライアンス(本部ニューヨーク)に数百万ドル
・「シリアにおけるアルカイダ関連の戦闘員に数十万食分の食料」を供与
・タリバンを利する「アフガニスタンにおける空前の規模のケシ栽培、ヘロイン製造を支える灌漑《かんがい》用水路、農機具さらには肥料」の資金として数億ドル(筆者注：タリバンは女性を抑圧し、テロ組織アルカイダを保護したイスラム原理主義組織。バイデン時代に駐留米軍を潰走させた後、再びアフガニスタンを支配)

これらは「浪費と職権乱用」のほんの一例に過ぎないとトランプ政権は言う。この声明発出と前後してトランプは、USAIDのビルを封鎖し、役所のコンピュータを使用停止

とした。また多くの職員を休職とし、数カ月後の退職に同意した職員にはその時点まで給与は支払うが、「米国の国益を害する仕事」はさせない体制をとった。

USAIDは民主党ジョン・F・ケネディ政権下の1961年に「対外援助法」に基づいて設立された。職員は大部分が民主党員で、彼らが資金（税金）を回していたNGOもおしなべて民主党系だった。

保守派がかねて批判していた民主党主導の「援助利権」に、満を持したかたちでトランプが大ナタを振るったわけである。「ここは過激な左翼の精神錯乱者（Radical left lunatics）たちによって運営されてきた。我々は彼らを追い出す。その上で将来について決定する」とトランプは語っている。

将来像としては、USAIDを国務省の一部門に縮小・再編し、国務長官の監督下に置くとされている。とりあえず保守派のルビオ国務長官が、トランプから責任者（USAID長官代行）に任命され、ルビオは権限を国務省の対外援助部門トップのピート・マロッコに委譲して、活動全般の見直しを急ぐよう指示した。マロッコは、見直しが終わるまで対外援助全般を一時停止する大統領令の原案を作った人物である。

ルビオ国務長官は、USAIDは改革の呼びかけに「まったく無反応（Completely unresponsive)」で、自主的改革は不可能と見ざるを得ず、重要な機能は継続させるが、「米国の外交政策と一致しなくてはならない」と強調している。援助に回される米国民の税金を、今後は、左翼活動家らの自由にさせないとの宣言である。

ゼロベースで対外援助を見直し、真に必要なもののみを残す抜本的改革を行う（「援助ディープステート」を解体する）ためには、こうした猪突猛進《ちょとつもうしん》的なやり方以外なかったということだろう。日本でも行政改革の一つの参考にしたい。

ＵＳＡＩＤの解体的再編の実働部隊となったのは、トランプが実業家のイーロン・マスクを長として、ディープステート解体のため鳴り物入りで設置した「政府効率化省（Department of Government Efficiency、ＤＯＧＥ）」であった。

名称は省（Department）だが、新たな官僚機構を誕生させたわけではなく、大統領直轄のタスクフォース（対策本部）と言うべきものである。

ＵＳＡＩＤは、その活動における最初の、そして格好のターゲットであった。マスクは、ＵＳＡＩＤについて、「虫が入ったリンゴではない。虫の塊だ」と語っている。また、「基本的に全体を取り除く必要があり、修復は不可能だ（Beyond repair）」とも言う。

野党民主党の議員らは、トランプ政権によるＵＳＡＩＤの封鎖および国務省への統合は

「違法かつ憲法違反」だと非難し、職員らの法廷闘争を支援している。しかしトランプ側は、税金が違法なかたちで海外に流されていた以上、それを止め、再発防止措置を講じるのは行政の長たる大統領の権限かつ責任であり、なんら違法性はないとの立場である。

トランプが、ＵＳＡＩＤを皮切りに、どこまでディープステート解体に踏み込めるかは歴史的重要性を持った事柄である。引き続き注視していきたい。

国連という不公正利権の温床

２０２５年２月４日、トランプは「特定の国連機関からの米国の撤退および資金提供の終了、ならびにすべての国際機関に対する米国の支援を見直す」大統領令に署名した。

まず槍玉に挙げたのは、国連人権理事会（ＵＮＨＲＣ）、国連教育科学文化機関（ユネスコ）、国連パレスチナ難民救済事業機関（ＵＮＲＷＡ）の三組織である。

その一つＵＮＲＷＡについては、次のような認識を示す。

報道によると、ＵＮＲＷＡは、米国務長官によって長く海外テロ組織に認定されたグループのメンバーに浸透されている。そしてこの機関の職員は、２０２３年10月7日のハマスによるイスラエル攻撃に関与していた。

このハマスのテロに協力という事実は、UNRWAの事務局長も確認している。内部調査の結果、イスラエル攻撃に関与していたことが分かったとして数人の職員を解雇した。UNRWAは、ガザ地区において、長くテロ組織ハマスの物資調達部門と化していた。

トランプ大統領令は次のように指示している（要約）。

米国の行政各機関は、いかなる資金もUNRWAに供与してはならない。国務長官は今後、国連に対する米国の拠出金のうち、同機関に割り当てられていた分に相当する額を差し引かねばならない。

バイデン政権ですら、UNRWAのテロ関与が判明したあと、資金供与を一時的にストップした。トランプ政権が、この「国連」を隠れ蓑《みの》にしたテロ支援機関に資金拠出を止めたのは当然であり、日本も漫然と資金を出し続けるのではなく、米国の驥尾《きび》に付さねばならない。ユネスコについても、トランプ政権は次のような認識を示している。

ユネスコは継続的に反イスラエル感情を露出させており、改革不能なことは明らかである。

その上で、国務長官と国連大使に対し、90日以内に脱退の是非について大統領に報告するよう求めた。トランプは第一次政権の2018年末、やはり不当に反イスラエル的であることなどを理由にユネスコから脱退し、拠出金支払いを止めており（その後、バイデンが復帰）、今回も同様の措置を取るだろう。なおイスラエルも、トランプ政権と歩調を合わせ、2018年にユネスコを脱退している。

日本では、「教育科学文化」を扱う建前の国連機関から脱退と聞くと、巨大な冒涜であるかのごとくとらえ、政治家もマスコミも直ちに思考停止する状態にあるが、米国はじめ各国は何度も脱退や拠出金差し止めを行っている。たとえば1984年にも、米国（レーガン政権）は、「反米勢力による政治利用と目に余る放漫財政」を理由にユネスコから脱退している。この時は英国とシンガポールも続いた。

約20年後の2003年、ブッシュ長男政権が、「米国単独主義」批判を和らげたいとの甘い発想からユネスコに復帰した。しかし多額の拠出金を取られただけで、国際リベラル社会におけるブッシュ批判は一向に収まらず、米保守派内においてブッシュの「浅はかな判断」への批判が高まった。

その後、2011年10月、ユネスコが「パレスチナ」を正式メンバーとして受け入れたため、「イスラエルと講和を結ぶ約束を果たす前に、パレスチナに対して国家資格を認めたいかなる国連組織にも、米政府は資金を拠出してはならない」とする国内法の規定に従い、米国はユネスコとの金銭的関係を断った。時の大統領はリベラル派のオバマだった。共和党政権のみならず民主党政権でもユネスコへの拠出金を停めた例があるわけである。

なおレーガン政権は、ユネスコから脱退したのちも、政府間海洋学委員会など米国の国益に関わると見た分科会には特別に資金を出し、議論に加わった。オブザーバーという立場ながら、投票にも参加している。

常識的には、オブザーバーは投票できないが、資金力豊富な米国に全面復帰してもらいたいユネスコ当局は、何ら異議を唱えなかった。米国と公然と対立しても得るものはない。国連は「資金力ある強い国」の無理が通る世界である。

日本も資金力を有する国の一つだが、反日勢力を牽制するカードとして「拠出金引き上げ」を使うといった発想が全く出てこない。都合のよいATM（現金自動預払機）国家として、なめられるばかりである。レーガン流、トランプ流のしたたかさがなければ、日本は「世界のカモ」の立場をいつまでも脱却できない。

「国際人権利権」への挑戦と決別

UNHRCについては、トランプ政権は次のように批判する。

UNHRCは、厳しい検証を避ける盾として人権蹂躙《じゅうりん》者たちに使われることに甘んじ、彼らを保護してきた。

そして、「米国はUNHRCに参加せず、選挙でメンバー国に選ばれることも求めない」と宣言している。実際トランプ第一次政権は、2018年にUNHRCからも脱退した（バイデン政権が復帰）。トランプのスタッフによれば、「米国が脱退を決めた2018年の1年間を取っても、UNHRCは、シリア、イラン、北朝鮮に対する非難決議を合わせたより多くのイスラエル非難決議を通している」状況だった。

実際、UNHRCは、世界各国における人権問題を真摯に取り上げるどころか、中国を筆頭とする人権抑圧国が互いの不当行為をもみ消す談合組織と化している。いつかそう変質したのではなく、最初からそうだった。実態としては「人権もみ消し理事会」と言うほかない。

まず問題なのは、理事に選ばれた国々に関わる人権問題は取り上げないという不文律の存在である。理事国になれば、どんな非道な独裁国も基本的に安心できる。定数47の理事国は国連総会で選出されるが、中国共産党の買収工作に弱い貧困国が多数含まれている。

2018年にトランプ政権が脱退を決めた当時、米国の国連大使だったニッキー・ヘイリーは、「偽善と腐敗」に満ち、「恐るべき人権抑圧履歴を持つ国々の隠れ蓑《みの》となっているUNHRC」にこれ以上正統性を与えてはならず、そのために米国が率先して脱退したと述べている。日本も、この無意味有害な機関からは脱退し、拠出金に充てていた税金をほかに有効利用すべきだろう。

トランプはUNHRC脱退を示唆した大統領令において、次のように国際機関や条約との関わり全般を見直すことも指示した（要約）。

国務長官は、国連大使と協議の上、米国が参加し資金を拠出している全ての国際機関および米国がメンバーである全ての条約に関し、どれが米国の国益を損なっているか、また改革可能であるかを、180日以内に精査せねばならない。その上で、脱退の是非について大統領に進言せねばならない。

たとえばコロナ禍の2020年5月、トランプ第一次政権は、世界保健機関（WHO）について、中国の影響下に置かれて誤った情報を発信し、世界にパンデミックを広げながら、反省の色が全く見えないと強く非難したうえで、「関係を打ち切って、拠出金をほかの国際保健事業に振り向ける」と脱退手続き開始を表明した。

その後バイデンが、脱退せず残留すると方針転換したが、トランプは再びWHOへの、脱退を含めた圧力を強めるだろう。

「グローバリズム」イデオロギーが生む利権

「グローバリズム」もトランプ政権がはっきり斥《しりぞ》けるイデオロギーの一つであり、その背後にある利権にはディープステートが深く関与している。

グローバリズムとは、単純かつ短期的な経済合理性に基づいて国際分業を進めるのが正しいとする進歩派イデオロギーを指す。ある製品が中国で最も安く生産できるなら、中国から買うか、工場を中国に移すのが賢明だと主張する。

ファシズム国家を強化させてはならないとか、人権状況を重視せねばならないとか、国内の生産基盤や雇用を維持せねばならないといった考えは、非合理的として斥《しりぞ》けられる。

たとえば太陽光パネルが中国で安価に生産されるのは、製造過程においてウイグル人の強制労働が使われているためである。弾圧を通じた人件費の低下の典型例と言える。

また、同じく製造過程において有害物質をどれだけ排出しているか分からない。環境被害対策を取らなければ、その分生産コストは下がり、価格競争力が上がる。これが、中国を中心とし、無批判に輸入を認める日本の政界などが協力者となった国際的な悪しき再エネ利権の構造である。

日本と違い米国では、こうした中国発再エネ利権を排除する動きがつとに超党派で高まった。2022年6月21日には、新疆ウイグル「自治区」からの輸入品が強制労働で生産されたものでないと企業が明白に証明できない限り、同地域が関与する産品の輸入を原則として禁止する「ウイグル強制労働防止法」が施行された。

環境破壊や人権の問題に加え、トランプに代表される「米国第一」主義者においては、製造業を米国本土に回帰させる必要性が常に強調される。高度なハイテク教育を受けていない一般の米国人労働者が、家族を養いうる長期的かつ安定的な収入を得るには、製造現場が米国内に多数なければならない。農業や関連産業も栄えねばならない。トランプが掲げる「米国第一」貿易政策の基本的発想がここにある。

この立場から、日本など同盟国、友好国にも、米国内への投資を増やし、農産物を含めた米国産品に自国市場を開くよう迫ってきたし、今後も迫ってくるだろう。

その具体的な武器として、トランプが多用を公言しているのが関税である。メキシコやカナダに不法越境者の取り締まり強化を実行させるために使うなど、直接経済と関わらない分野でも発動するのがトランプ流だが、「主敵」と見なす中国に対しては、「戦略的経済分断（デカップリング）」を進める手段と明確に位置付けられている。

すなわち、安全保障上重要なハイテク分野、特に先端半導体に関して、供給網（サプライチェーン）から中国を外すのが、関税をはじめとする各種制裁の目的である。米国以上に中共の脅威に晒されている日本にとっても歓迎すべき動きであり、EU諸国やほかのアジア諸国ともども、この面では、積極的にトランプ政権と協調すべきだろう。

今後ますます、中国で生産されたハイテク製品は対米輸出が難しくなる。中国内にまだ工場を有する日本企業は、「脱出」を急がねばならず、いわんや中国との合弁事業に新規投資するなど、自ら首を絞めるに近い。

第一次トランプ政権で、米通商代表部（USTR）代表を務めたロバート・ライトハイザーは、貿易交渉においては、日本を含む他国に一切見返りを与える必要はないと、次のように強調する。

米国は世界最大のマーケットを持っている。日本は相当な対米貿易黒字を継続的に出している。したがって日本側は、我々から新たに何かを得るためではなく、現在のマーケット・アクセスを維持するために譲歩せねばならない。

世界最大かつ最良の米国市場で日本が大きな利益を上げ、貿易黒字を出している以上、恒常的に見返りを受けていると見るべきで、追加要求するのはおかしいというわけである。もちろん、素直に頷けるような話ではなく、しっかり戦うべきだが、実際問題として、トランプと盟友関係にあった安倍が首相の時代ですら、貿易交渉では、日本は相当煮え湯を飲まされた。

第二次トランプ政権においても同様の厳しい展開が予想される。強く出るべきは出つつ、またしかるべき対抗措置は取りつつ、中国との経済関係などにおいては、むしろ米国の圧力を奇貨として日本自ら積極的に現在の在り方を見直すべきだろう。

ところで、米国の商務省には、二つの顔がある。一つは、輸出入管理を差配し、特に中国に対して規制強化や制裁を行う実働部隊という顔。そのことで、米国の経済安全保障のみならず、自由世界全体をファシズムから守る重要な役割を果たす。

もう一つは、米国の中小企業の利益代弁人として、貿易上の便宜を図るとともに、「過度な国際競争」から自国企業を保護する役割である。短期的な利益の観点から、中国との取引を継続・拡大したい企業は米国にも少なくない。対中圧力強化と対中貿易バックアップのバランスをどう取るかが常に米商務省の課題となる。

国際的責任としては、前者に重点を置くべきだろう。

バイデン政権は、脱炭素で中国の協力を得たい思惑も手伝い、議会が非常に強く要求する場合を除き、北京と「波風を立てたくない」企業群の意向に寄り添いがちであった。その点トランプには、脱炭素で中国の協力を求めねばならないといった発想がない。少なくともその分は、対中国で厳しい姿勢を取るよう商務省を促すだろう。

再編必至のビッグ・テック利権

米国および自由主義圏を中心に、GAFA（Google、Apple、Facebook〈現・Meta〉、Amazon）やX（旧Twitter）といった巨大テクノロジー企業（ビッグ・テック）が、人々の生活に大きな影響力を持つに至っている。GAFAにMicrosoftを加えてGAFAMと呼ぶ場合もある。

これらの新興勢力の多くは、トランプの大統領復帰が確実になるまでは、露骨に民主党寄りであった。保守的内容の投稿が、しばしば不当に制限され、BAN（アカウント停止）される一方、反トランプ的発信はほぼ野放し状態だった。

方向転換の先鞭《せんべん》をつけたのはXで、新たにオーナーとなったイーロン・マスクが左翼スタッフを切り、ツイッター時代に閉鎖されたトランプのアカウントを再び利用できるようにした。メタのCEOマーク・ザッカーバーグは、2024年11月の大統領選でトランプが勝利し、上下両院も共和党が抑えたのを見て、非常に分かりやすく態度を変えた。

フェイスブックもファクトチェックと称して、しばしば保守派の言論を抑え込んでいたが、トランプ勝利が確定するや、ファクトチェック作業に当たるチームの本拠地を、リベラル派の牙城であるカリフォルニア州から保守派の強いテキサス州に移すと発表した。

ビッグ・テックをめぐる議論の「主戦場」は上院商務委員会だが、その委員長に2015年1月からテキサス州選出の共和党員である保守派論客テッド・クルーズが就いた。クルーズは前年11月の選挙で再選を果たし、少なくともさらに6年間は引き続き上院議員の地位にある（辞任して別の職に就かない限り）。トランプの跡を継ぐ次期共和党大統領候補の最右翼の一人でもある。

クルーズは、「私は簡単にはたぶらかされない。テキサスに移ったあと、フェイスブックのファクトチェックがどうなるか。中身を見て判断する」と釘を刺していた（2025年1月、メタはファクトチェック廃止を発表）。

2026年11月の中間選挙で、議会の共和党優勢が崩れるかもしれないが、それまではホワイトハウス、上下両院いずれにおいても共和党が舵取り役となる。ビッグ・テックとしては共和党の動向に敏感にならざるを得ない。

米国社会一般では共和党支持と民主党支持はほぼ拮抗しているが、マスコミや大学人の世界では民主党支持者が圧倒的に多い。社会科学系の大学教員では、7対1で民主党員が多数とされる。

民主党系の教員は、当然ながら、学生に左翼イデオロギーを吹き込むべく務める（能力的に、イデオロギーの鼓吹《こすい》しかできない人もいる）。当然、影響される若者も少なからず出る。年齢を重ね、経験を積むと、左翼イデオロギーが社会の土台を壊す単純で間違ったものだと分かってくるが、若い頃は、なかなかそうは行かない。

米国でも日本同様、小学校から大学まで、教員組合は左翼主導である。特に雇用が強固に守られる公立学校の教員組合では、ノンポリ的な教員たちがあえて波風を立てたいと思わない中、活動家的な左翼教員が全体を引っ張ることになる。

ビッグ・テックの世界でも、若い層から利用が広がったため、左翼的運営の方が儲かるとの利権的発想があったに違いない。しかし、中年以上の保守派が利用し始め、当初のヘビーユーザーだった若年層も年齢を重ね、常識が身に付いてくる。トランプ共和党の勝利を生んだ社会情勢が、まさにビッグ・テックの姿勢変化の背後にもあったと言えよう。

米国の特に高学歴層には、トランプをけなさないとインテリと思われないのではないかという怯えに似た感情がある。したがって、そうした高学歴層が制作に当たるマスコミは、総じて民主党の応援団的色彩が濃くなる。

その点、ビッグ・テックは新興産業であるため、機を見るに敏、相対的に方向転換が早い。「イデオロギーより商売」の色が老舗のマスコミより鮮明である。

ニューヨーク・タイムズに代表される伝統的な左翼メディアは、イデオロギーを簡単に振り捨てられない。また先進国共通の現象だが、新聞を広げて読むという文化が加速度的に薄れる中、オールド左翼の読者を何とかつなぎとめ、部数を下げ止まらせたい「守りの商売」の計算も働いてくる。

中国発祥の動画共有アプリＴｉｋＴｏｋ（ティックトック）については、親会社の中国企業バイトダンスを中国情報機関の一部とみなすのが米議会一般の考えである。２０２４年、中国企業以外に売却するか営業をやめるかを迫る規制法が成立した。

蓄積した情報をネタに、中国共産党が米国人にスパイ行為を強要しかねないとの懸念が最大の理由である。ほかにも、中国に都合の悪い情報を抑え込む、反米的な投稿や麻薬を「楽しい世界」と描くような投稿を野放しにして青少年の心身を蝕むなどの問題点が指摘されてきた。

2025年1月、連邦最高裁が規制法を合憲とする判断を下し、違憲違法とするティックトック側の訴えを退けた。

売却期限の1月19日が過ぎて規制法が発効し、ティックトックは一時利用できなくなったが、大統領就任初日の20日、トランプが法執行を75日間猶予する大統領令を出し「救済」した。といっても、あくまで期限を切った激変緩和措置である。

トランプ自身、2024年にティックトックを利用開始以来、約1500万人のフォロワーを抱えるに至っており、若者の支持をつなぎ留めるためにもこの措置に出たわけだろう。大統領の猶予付与権限は法に規定されており、合法的な権力行使である。もっとも中国企業以外に売却しないと、いずれ営業停止となる状況が変わったわけではない。

左翼にとって厳しさを増す法廷闘争

マスコミを含む左翼勢力が、トランプ政権および議会共和党の攻勢に対抗する手段として法廷闘争に出ても、莫大な費用が掛かる上、最終的に連邦最高裁まで行った段階で負ける可能性が強い。第一次トランプ政権のときに保守派判事の比率が高まった結果、現在の連邦最高裁は6対3（定数9）とダブルスコアで保守派優位となっている。リベラル派の3人（いずれも女性）はイデオロギー的に左翼スタンスが明確で、結束も固い。保守派の6人は、テーマによっては立場が分かれ、必ずしも一枚岩ではないが、基本的にはトランプと考え方が近い。

米国は日本と違い、上告された案件のうち何を取り上げ、何を取り上げないかは完全に最高裁の恣意に委ねられている。その点、上告案件すべてについて、棄却も含め何らかの判断を示さねばならない日本とは制度が異なる。

米最高裁には手続きに関する「4人ルール」があり、9人中最低4人の判事が「取り上げるべき」とした案件が審理の俎上《そじょう》に載せられる。その他の上告案件は無期限に「店晒し」となり、控訴裁（日本の高裁に当たる）の判断が効力を持ち続けることになる。

したがって、保守派の立場を支持した控訴裁判決をひっくり返そうと3人のリベラル派判事が動いても、4人ルールの壁に阻まれて、審理にすら入れない場合が多い。

死亡や引退で最高裁に空席が生じた時、後任を指名するのは大統領の権限、承認・不承認を決めるのは上院の権限で、現在いずれも共和党が押さえているため、少なくとも数年間は、保守派の判事が増えることはあっても減ることはない。

ホワイトハウス、上下両院、連邦最高裁の全てを保守派が押さえている状況では、ビッグ・テックに限らず、司法の場で争っても展望がないと判断し、保守派の意向に沿おうとする企業が増えるだろう。

制度についてさらに敷衍《ふえん》すると、最高裁のみならず、控訴裁、地裁も含め米国の連邦裁判官の任期は終身である。「重大な瑕疵《かし》がない限り職務を継続できる」が憲法の表現で、深刻な罪を犯して弾劾され、解職とならない限り、地位に居続けられる。定年はない。

連邦最高裁のみならず、連邦控訴裁、連邦地裁についても裁判官に欠員が生じると、大統領が後任を指名する。承認権を持つ上院が野党多数の場合は、ある程度野党の意向にも配慮した人事にならざるを得ない。

連邦控訴裁の裁判官は、将来の最高裁判所判事候補と見られるため、政界関係者の間で、その時点から人事に注目が集まる。

共和党が大統領と上院（下院は人事に関与しない）の両方を押さえる状態が次の国政選挙以降も続けば、連邦裁判官の人事は保守派主導で進み、長期にわたって司法の構成に影響を与えることになろう。

大統領交代で検察官総入れ替えの司法利権

訴訟大国の米国では、司法の動向が政治にかなりの影響を与える。裁判官の任命システムに加え、連邦検察官の任命システムも日本と大きく違う。一言でいえば政治色が強い。日本の検事総長に当たる司法省ナンバー3の訟務長官（Solicitor General）をはじめ、全米各地の控訴裁や地裁に配属される連邦検察官（計93人）は、すべて司法長官（その背後には大統領がいる）が指名し、上院が承認・不承認を決める。

任期は4年だが、その間、大統領の判断でいつでも解任できる。たとえばバイデンは、トランプが任命した検察官全員を、大統領就任直後に解任した。トランプも、第二次政権発足から1週間後の1月27日、手始めに、「トランプ選挙違反事件」を担当していた検察官10人超を解雇している。

ここで重要なのは、大統領が指名しても、上院が承認するまで就任できない連邦裁判官や各省庁幹部の人事と異なり、連邦検察官は、司法長官による指名と同時に、暫定任命というかたちで職務に就けることである。その後、上院が不承認を決めた場合だけ退任せねばならないシステムとなっている。

すなわち、相当程度独立性が担保された日本の場合と異なり、米国の連邦検察官は、大統領のスタッフという色彩が非常に濃い。第二次トランプ政権では、上院も共和党が多数のため、検察人事で不承認はまず考えられず、「大統領の忠実なスタッフ」色が一層強まるだろう。ちなみにバイデン政権も、上院で与党民主党が多数の状況が続いたため、「反トランプ的」な検察人事を自由に行えた。

日本では、たとえば政権が自民党から立憲民主党に代わっても、検察官の総入れ替えなど起こりえないが、米国ではごく普通である。

そのため、新政権が不当な起訴と見なすような裁判は、新たに大統領が任命した検察官によって起訴取り下げとなる場合が多い。当然、その時点で裁判は終了となる（州の管轄下にある裁判は別）。

すなわち、大統領のポストを得ることは、裁判官の新規人事に加え、検察官人事も全面的に握ることを意味する。行政のトップを決める米国の大統領選は、同時に、司法利権をめぐる熾烈な闘争でもある。

なお、新大統領の強い「司法権力」に対抗するかたちで「去り行く大統領」が使うのが恩赦権である。法的な縛りがほとんどなく、ほぼ自由に権限を行使できる。

特に政界引退が決まった大統領においては、世論の反発を気にせず恩赦を乱発するのがむしろ普通と言ってよい。先述のとおり、米国では、政権移行に伴って検察官が大幅に入れ替わるため、「去り行く大統領」はしばしば自分に近い人間を訴追から守るため予防的に恩赦を行う。

大統領選直後の2024年12月、最も物議を醸したのは、バイデン大統領が自身の息子であるハンターに恩赦を与えたことである。バイデンは、選挙までは、「息子に恩赦を与えるつもりはない」と繰り返し語っていたが、民主党の大統領候補カマラ・ハリスの落選が決まるや、一転、息子を恩赦という名の司法利権で救った。

「国民が理解してくれると願う」とバイデンは述べたが、ハンター事件（息子ハンター・バイデンの恩赦に署名した事件。銃の不法所持、不法投棄、麻薬問題などもあるが、重要なのは親の威光を利用した国際利権漁り）は、バイデン家全体が絡む「中国利権」が疑惑の核心であり、国家安全保障に関わる深刻な事案である。恩赦で蓋をするのは、「国民への裏切り」であると同時に、自由主義圏全体に対する背信行為でもある。

もっとも、こうしたバイデンの「食言」は十分に予想されたことではあった。

医薬品業界の製薬利権に規制強化

トランプ大統領は、医薬品業界の「製薬利権」にも斬り込んでいる。「製薬大手が海外で提供している低価格を米国内にも反映させる。米国にも『最恵国待遇』を受けさせる。米国民に過大な負担をさせ、世界がただ乗りする時代は終わった」というのがトランプ政権の基本姿勢である。

米国は富裕層が相対的に多い国である。高い価格でも医薬品は売れ、大きな利益を上げることができる。一方、豊かでない海外諸国では、米国内向けと同じ価格では売れない。そこで製薬メーカーは、海外では大幅にディスカウントし、薄利多売の商売を行う。

しかし、この商慣行は「米国第一」の理念に照らして許容できないというのが、トランプ周辺の発想である。製薬利権の実情を知るにつれ、国民の反発も強まった。米国の製薬会社は経営戦略を再考せざるを得なくなっている。

米国でも、医療費は国民一般における強い関心事項である。ただし一定所得以上の世帯においては、日本と違って民間保険が中心のため、契約でカバーされない治療を受けると、莫大な個人負担が発生する。そのためトランプの方針は、中間層を中心に多くの米国民に歓迎されている。

医薬品業界も、関係する政治家に献金するなどで利権を維持してきた。しかし不動産・エンターテインメント業界出身のトランプは、製薬業界との関係では特にしがらみがない。思い切った方針に出られた背景だろう。

ルビオ国務長官に期待される「攻めの外交」

トランプは、第二次政権で、マルコ・ルビオ上院議員を国務長官に起用した。最も評価できる人事の一つである。ルビオは「史上最高の国務長官」になる潜在力を秘めている。日本との関係で言えば、彼はかねて、「米国は尖閣諸島をはっきり日本領と認めよ。それ以外の態度は何ら建設的な結果を生まない」と主張してきた。

これは米国の政界では少数派で、米政府の公式見解はいまでも、「尖閣諸島は日本の施政権下にあり、したがって、安保条約第5条（共同防衛）の適用範囲」、ただし「最終的な領有権については、米国は特定の立場を取らない」という地点に留まっている。

尖閣の領有権に関して米国が曖昧な姿勢を採ってきた理由の一つは、同じく友好関係にある台湾が尖閣を自国領と主張していることにある。

しかし、より重要なのは、北京への忖度《そんたく》から、尖閣をはっきり日本領と言わない風潮があることである。そうした中、ルビオが国務長官として、「尖閣は日本の領土」と明言すれば、日本にとって大きな資産となろう。

キューバ難民の子弟であるルビオは、中国や北朝鮮の人権問題についても非常に厳しい立場を取ってきた。日本政府がしっかりした方針を立て、丹念な説明を行えば、間違いなく日本人拉致問題においても信頼できる同志となる。

筆者は2025年1月、「南モンゴル民主連盟」のハダ代表と香港の黎智英（れいちえい、ジミー・ライ）をノーベル平和賞に推薦し、ノルウェーのノーベル委員会に受理された。両氏に代表される自由の闘士の解放に向け、国際世論を喚起するためである（国会議員にはノーベル平和賞の推薦資格がある）。

ハダは、中国に併合された状態にある「内モンゴル自治区」で言論の自由のために戦い、不当に逮捕されて獄中にある。黎智英は、自由を主唱して廃刊に追い込まれたリンゴ日報の創業者で、やはり中国共産党によって不当に拘束されたままである。

自国の国会議員が推薦人となったことも受け、日本政府は、ルビオ国務長官に強く同調を働き掛けるべきだろう。

ルビオは安倍首相に畏敬の念を抱いていたが、決して「親日派」というわけではない。日本が北京に迎合姿勢を取れば、厳しい批判者に転じるだろう。彼の親日は、日本が筋の通った外交をすることが前提で、「日本に無条件にやさしい」わけではない。

トランプもルビオも、米国が中国共産党と戦う中で、日本が逃げ腰、いわんや裏で北京と通じているとみれば、相当厳しく当たってくるだろう。

トランプが先導する「再エネ利権」解体

トランプは「再エネ利権」にも鋭くメスを入れている。

彼は脱炭素原理主義に一切迎合せず、人間活動による炭素の排出が気候変動を引き起こしているとの主張はイデオロギーに過ぎず、その背後には、学界なども含めた再エネ利権があるとの立場を取る。地球の表面の7割を占める海洋の変化や宇宙からの影響を考慮しない「産業文明犯人論」は疑似科学に過ぎないとの見解は、トランプだけでなく、共和党の多くが共有するところである。

それゆえトランプは、米国の地下に豊富に眠るシェールガス、シェールオイルの積極利用を進めると同時に、太陽光発電や風力発電に対する様々な補助制度を打ち切る方針を明らかにしている。化石燃料の開発をさまざまな規制で妨害し、「再エネ」支援に邁進してきたバイデン政権の真逆である。

トランプは巨大風力発電機を「経済的にも環境的にも破滅的な、最も高くつくエネルギー」で「政府の巨額補助金がなければ成り立たない代物」と批判し、自分の政権下では一切連邦補助金を出さないと宣言している。洋上風力発電機については、「クジラを狂わせている」と生態系や漁業への悪影響も強調する。

地下の岩盤に大量の水を圧入して、比重が軽い石油や天然ガスを浮き上がらせるのがシェールガス・オイルの採掘方法だが、地下水が汚染され、同時放出されるメタンガスが大気を汚染するというのが反対派の主張だった。

バイデン時代は国有地での掘削を認めず、さらに民有地についても、掘削に必要な資機材を運ぶ際に、ディーゼル車両の使用を認めないなどのハラスメント規制で実質的にストップを掛けてきた。大型車両はディーゼルが主流のため、ガソリン・トラックを大量に調達するのは至難の業で、事実上、掘削が不可能となる。トランプおよび議会共和党の大勢は、この種の規制をすべて取り払う方向で動いている。

再エネ事業は、日本の「再エネ賦課金」のような事実上の税金を原資とした多額の補助金が期待できるため、ウォール・ストリートを中心とする各国金融資本と結びついた利権構造が根強く形成されている。

この利権構造にメスを入れることは、ディープステート支配を崩す重要なポイントとなる。トランプが主張する化石燃料の積極利用は、エネルギー価格を下げ、経済を活性化させる。最新型の火力発電所はCO_2や有害物質を大気中にほとんど出さない。日本も、「再エネ利権栄えて国滅ぶ」となりかねない愚かな状況から早く脱しなければならない。

米国の場合、エネルギー政策に転換をもたらす上で、内務省人事も重要である。米国の内務省は国立公園などの管理に当たる機関で、政府所有地の開発を許可する権限も与えられている。

第二次トランプ政権では、前ノースダコタ州知事のダグ・バーガムが内務長官（Secretary of the Interior）に起用された。現実的なエネルギー政策を推進してきた人物である。トランプは、新設した「国家エネルギー会議」のトップにもバーガムを就けた。なおトランプ陣営は、将来のエネルギー確保の柱は小型モジュール炉（工場で組み立てて設置現場に運ぶタイプのミニ原発）だとの主張も行っている。

米国は、トランプが行政のトップの座にあり、上下両院とも共和党優位という体制下、脱炭素原理主義から脱却し、化石燃料や原発の活用で持続的な成長軌道に入っていくだろう。日本も後れを取ってはならない。

利権極左が先導する「黒人の命は大事」運動

差別利権はどの国にも存在する。米国の「ブラック・ライヴズ・マター」（Black Lives Matter、以下ＢＬＭ）も巨大な利権組織である。

ＢＬＭの創設者の一人で黒人女性のパトリッセ・カラーズは、かつて「我々は訓練されたマルクス主義者」と公言していた。しかし、露骨に共産主義を掲げていては、伝統的に反共意識の強い米国社会で支持を広げるのは難しい。そこでＢＬＭは、「黒人差別と戦うＮＧＯ（非政府組織）」に看板を掛け替え、警察と黒人のトラブルが起こるたびに「組織的な差別犯罪だ」と煽り立て、恐喝まがいの手法も用いつつ、資金を集めた。

真に「黒人の命は大事」と考えるなら、黒人居住区における治安を確保せねばならない。工場や商店が安心して進出し、営業できなければ、いくら働きたくても黒人は働き口を得られない。その点、「反警察」を掲げ、治安を半ば意図的に不安定化させる極左勢力は「黒人の雇用の敵」と言わねばならない。

自らは安全な郊外の豪邸に住みつつ、黒人居住区の混乱を煽ってきたBLM「指導者」カラーズ女史が負の典型例である（カラーズは寄付金の私的流用が問題となり、2021年にBLMの役職辞任に追い込まれた）。到底、働く黒人たちの利益代表とは言えない。

実際、BLMの活動が活発化して以来、危険の増大を感じ、護身用の銃を購入する黒人が増えたという。

ここでBLMが煽動の先頭に立ち、全米各地で略奪、放火の嵐を生んだ有名な事件を振り返っておこう。2020年5月25日、ミネソタ州ミネアポリスで、白人警官が黒人男性を拘束後に死亡させる事件が起こった。被害者の名を取って「ジョージ・フロイド事件」と呼ばれる。経緯は以下のとおりである。

午後8時、ある食料品店から、「ひどく酔っている」風体の黒人男性がニセ札を使ったとの通報が警察にあった。容疑者ジョージ・フロイド（当時46）は身長2メートルの巨漢だった。かつて学生フットボールおよびバスケットボールで活躍した過去を持つ。

通常ニセ札犯は急いで現場を立ち去るものだが、フロイドは停めてあった車に戻り、運転席に座ったままでいた。パトカーが現場に到着し、若い黒人警官のトマス・レインがフロイドに拳銃を向けて降車させ、手錠をかけた。フロイドの口の周りに白い泡が見えたので、「何か（クスリを）やっているのか」と訊いている。

パトカーの後部座席に乗れと指示したところ、フロイドは、「閉所恐怖症で息ができなくなる。乗りたくない」と訴え、その場に座り込んだ。フロイドが素直に指示に従っていれば、黒人警官が黒人容疑者を逮捕したごくありきたりの事件で終わっただろう。

そこに白人警官のデレク・ショービン（当時44）らが乗る2台目のパトカーが到着した。最年長でレインらの教育係でもあったショービンがその場を引き取り、フロイドを再び警察車両に乗せようとしたが、「息ができない」と繰り返すためいったん路上に戻した。

問題はその後である。うつぶせになったフロイドの首の辺りにショービンが8分近く膝を置きつづけた。フロイドはここでも「息ができない」と訴えている。すでに手錠を掛けられた状態の容疑者に対し、不必要な力の行使であった。フロイドが動かなくなってからも2分以上、膝を外さなかった（その後死亡が確認された）。

ショービンは翌日警察を解雇され、第2級殺人罪、第3級殺人罪、および第2級過失致死罪で起訴された。その後の刑事裁判で「非合理的な力の行使をし、また治療が必要な深刻な事態を放置したことでフロイドの市民権を侵した」との起訴事実を認め、有罪判決を受けて収監された。

現場にいた部下の警官3人も、制止を怠ったとして、しばらく後に解雇、起訴されている。1人は黒人、1人は白人、1人はラオス生まれのアジア系だった。白人警官たちが黒人容疑者に集団で暴行を加えたといったイメージがあるとすれば、誤りである。

解剖の結果、フロイドの体内からフェンタニル（中国から米国への流入が問題になっている鎮痛剤系薬物）と覚醒剤のメタンフェタミンが検出された。フロイドは知人に対し、麻薬中毒からの脱却に「まだ苦労している」と語っていたという。新型コロナウイルスにも感染していた。相当体力的にきつい状態にあったと言えよう。

問題の警官ショービンについては、乱暴な扱いを受けたといった市民の苦情が過去に17件寄せられ、そのうち1件について譴責《けんせき》処分を受けていた。力の行使に抑制的な警官でなかったことは間違いない。通行人がビデオ撮影していると分かっていながら、容疑者の首に膝を当て続けた神経も相当特異である。本来現場勤務から外すべき警官が警察労組の圧力で外されず、重大事件に至ったのではとの疑問が提起されたのも当然だろう。

事件が起こったミネアポリス近辺は非常にリベラル色が強い。この地域選出の連邦下院議員は民主党でも最左派の、イスラム女性イルハン・オマールである。警察の人種、民族構成も多様で、白人警官の割合はむしろ他地域に比べて小さかった。特定の乱暴な警官による逸脱事例と見るべきだろう。

なお、当時の大統領はトランプだったが、事件の直後から当該警官の行為を強く批判している。事件後、「黒人の命は大事」「息ができない」をスローガンに「人種差別的警察」糾弾を掲げたデモが全米に広がった。

その中で、アンティファなどの極左暴力集団が煽り、犯罪予備軍が便乗しての略奪放火が多数発生する。相当程度は、リベラル派の首長が警察による速やかな鎮圧をためらったための人災であった。無数の商店やビルが破壊され、従業員たちが職を失った。失職者の中には、黒人も多く含まれていた。

この時、店を壊されたある年配の黒人女性が怒りを吐露する動画がSNSで拡散され、広く共感を呼んだ。

あなたたちは『黒人の命は大事だ』と言う。見てくれ。この略奪は何だ。私は黒人だ。カネが要るなら私のように働け。盗みはやめろ。

この街は私たちが築いた。あなたたちがそれを壊した。

警察を非難し、「デモ」を好意的に報道し続けたリベラル・メディアの代表格CNN本社も暴徒に襲われ、かなりの被害を出した。自業自得と言うほかないだろう。

この騒乱の渦中において、極左勢力が編み出した新スローガンが「警察の資金を断て」(Defund the Police)。デモに動揺した民主党系の首長や地方議員らが付和雷同し、警察予算の大幅削減を打ち出した。当然ながら、それら地域の治安は一層悪化する。

フロイド事件の現場となったミネアポリスでは、市議会議員13人中9人が連名で、「警察なき社会の将来がどのようなものか答えがあるわけではないが、地域社会と話し合っていきたい」とミネアポリス市警の解散を求める動議まで出している。無責任で腰の軽いリベラルならではの軽挙と言えよう。

これに対し、トランプ大統領はじめ保守派は、「法と秩序」をスローガンに、「命を賭して人々の安全を守る警察官を誹謗中傷から守らねばならない」と治安体制の強化を打ち出した。元々2016年の大統領選の際、警察の差別意識を批判した民主党のヒラリー・クリントン候補に対し、トランプは「法と秩序」第一を掲げ、警察全面支持の立場を取っていた。その結果、警察官の8割以上がトランプに投票したと言われる。

トランプは基本的に能力第一主義者である。人種、性別、民族、宗教、性的指向などに関心を持たない。娘のイバンカがユダヤ教徒と結婚し、ユダヤ教に改宗した際も、何ら異を唱えなかった。特に人権感覚が鋭いというより、属性に関心がないから差別感情も覚えないタイプと言える。マスコミは数十年来、トランプが部下に差別的言動をした例はないかと探し続けてきたが、結局何も見つかっていない。

反警察運動で被害を受けるのは黒人

過激な警察攻撃により、最も被害を受けるのは貧しい黒人居住区の住人である。暴動を伴う反警察運動が起こった地域では、その後いずれも、凶悪犯罪が増えている。

フロイド事件のようなトラブルに巻き込まれ、「黒人に暴行した警官」の烙印を押されると解雇、起訴、収監となりかねない。そのため、警察が全体として犯罪多発地域のパトロールを避けるようになった。本末転倒というほかない。その結果、危険地帯はますます危険になり、経営者は店を閉じ、雇用が失われた。いつ略奪に遭うかわからない地域に、誰も出店しようとはしない。

たとえば2023年4月、「黒人の命は大事」暴動のさなか、大手スーパーのウォルマートが、特に甚大な略奪被害を受けたシカゴ店の閉店を決めた。メディアが警察叩きを続ける中、治安回復は望めず、再建は無理と判断したのである。出入り業者も含めて多くの人が職を失い、地域住民は便利なショッピングセンターを失った。

リベラル派は、ビジネスが郊外に逃げたために、黒人が職を失い、犯罪、暴動、略奪につながったと解説するが、事実は逆で、ビジネスの逃避は常に暴動の後に起こっている。当たり前の話だが、「黒人の命」や職を守るには、まず治安を確保せねばならない。

治安の悪化は、在米日本人や旅行者の命も危険にさらす。米国のビジネスが破壊されれば、取引先の日本企業も影響を受ける。決して対岸の火事ではない。

ＢＬＭは、大企業や黒人スターを含む多くの著名人から寄付金を集めてきた。寄付を拒めば差別主義者と呼ばれ、嫌がらせを受けかねないとの雰囲気を意図的に醸し出してもきた。豊富な資金を手にしたＢＬＭは、それを政治献金に回す。その結果、資金面で優位を得た極左候補が、民主党の予備選を勝ち抜くケースが増えた。

「反差別」イデオロギーを掲げた利権集団が、様々な圧力を行使して政治資金を集め、勢力を拡大する構図は、日本を含むほかの先進諸国にも見られる。ＢＬＭは、近年における最も顕著な例に過ぎない。議席を得た活動家たちは当然、差別利権の死守に動く。ここを崩すのは、トランプ政権にとって最も大きな挑戦の一つかもしれない。

第5章

日本に寄生する「中韓朝」の利権

敵を見誤らなかったトランプ・安倍コンビ

本章では、中国、韓国、北朝鮮に絡んだ利権を見ていきたい。

まずは中国だが、この国は日米と違ってファシズム独裁国家であるため、中国共産党幹部の利権が常に最優先で追求される。第1章でも論じたが、日米両政府にとってまず重要なのは、敵を見誤らないことである。安倍晋三首相とトランプ大統領のコンビは、その基本姿勢において安定感があった。

2024年12月22日、「日本李登輝友の会」が主催する「日台共栄の夕べ」が開催された。安倍昭恵夫人が主賓として講演を行い、筆者も当日その場にいた唯一人の国会議員として挨拶に立った。懇親会に移り、台北駐日経済文化代表処（事実上の台湾大使館）の李逸洋駐日代表（事実上の大使）ともいろいろ言葉を交わした。

昭恵夫人は話し合いを重ねて平和を得ることの大切さを繰り返し訴えている。この時もそうだった。中でも安倍、トランプ両夫妻が日本で食事をした際、トランプが「俺と晋三がトップだったら日米戦争なんて起こらなかった」と述懐したとのエピソードはとりわけ興味深い。

筆者は、1941年12月に始まった日米戦争の最大の元凶は、当時の米大統領フランクリン・ルーズベルトだったと考えている。

もちろん日本外交にも日独伊三国同盟の締結など非常な悪手はあった。しかし戦後偽証罪で有罪となったアルジャー・ヒスをはじめ、共産分子が数百人規模で入り込んでいたルーズベルト政権には、より構造的な歪みがあった。

ちなみに、ソ連軍参謀本部情報総局と気脈を通じていたヒスは、米英ソ3カ国の首脳が戦後の枠組みを談合した1945年2月のヤルタ会談でも、エドワード・ステティニアス国務長官の首席顧問として全会合に出席し、ルーズベルトの元にも頻繁に出入りしていた。この時期、米国務省は「南千島（北方四島）は戦後も日本が保持すべき」とする極秘報告書を作成していたが、ヒスが握りつぶして大統領の目には入らなかったとされている。

当時、長期的に見れば、自由主義圏にとって最大の敵は明らかに共産主義勢力であり、日本と米国は、「ソ連を包囲し崩壊させる」という戦略的利益を共有する関係だった。

ところがルーズベルト政権は、日中戦争を一方的に日本の侵略ととらえ、石油禁輸を含む様々な制裁で日本を追いつめることに邁進した。最終的に米国はソ連と事実上の同盟を結び、日本を挟撃した。その結果、東アジアで共産主義の最大の防波堤だった日本が勢力を失い、中国共産党が漁夫の利を得ることになった。日本外交にも問題は多かったが、どの国よりも敵を見誤り、長期にわたる冷戦の種を蒔いたのはルーズベルトの米国だった。

翻って現状を見ると、かつてのソ連に相当する「悪の帝国」(Evil empire)は、言うまでもなく中国共産党政権である。安倍とトランプは、この基本構図から目を離さず、連携して中国と対峙しつつ、ロシアをできるだけ「こちら側」に引き寄せようと図った。

ロシアのウクライナ侵略が常軌を逸した暴挙であることは論をまたないが、「習近平を主敵とする立場に立てば、プーチンとの敵対関係を漫然と続けるのではなく、早期に停戦を実現し、中ロの離間を戦略的に追求していくのが重要。その方向で米国と協調せよ」というのが、トランプの日本に対する注文となろう。問題は、安倍を失った日本政府が適宜適切に対応できるかである。

トランプは、日米関係が話題になるたびに、「シンゾーがいたら」と安倍の不在を嘆いているという。それは、中国やロシアとの距離の取り方において、基本スタンスを共有できる政治家が、果たしていまの日本にいるのかという懸念の表明でもあろう。

トランプは中国をことさら軍事的に挑発することはしないが、経済的には戦略分野での締め付けを強め、中国が台湾に侵攻するような場合には、強烈な制裁で対抗するとしている。その間、台湾周辺を中心に東アジアにおける軍事的抑止力も強化する。当然、同盟国日本が当事者意識を持って積極的に動くよう求めてくるだろう。

一方の中国は、台湾を「核心的利益」と位置付け、併合を目指す意思をますます明らかにしている。日本に傍観という選択肢はない。台湾は最先端半導体の重要拠点であり、地政学的には太平洋からインド洋、中東に至るシーレーンの結節点と言うべき南シナ海の入口に位置する。中国が台湾侵略の誘惑に駆られないよう、日米台が中心となって関係諸国をできるだけ抑止力の輪に引き込んでいかねばならない。

生前、安倍は「台湾有事は日本有事であり、日米同盟の有事でもある」と強く警鐘を鳴らしていた。この認識はトランプおよび米国の保守派にも共通する。

日本は、軍事面も含めた台湾との連携に、より踏み込まねばならない。本来なら、日米台による合同軍事演習など、すでに定例化していなければならない。米台は、米国内の基地でつとに合同演習を行っている。圧倒的に腰が引けているのは日本である。日本はいまだに、「制服組」（現役武官）同士の日台交流を避け続けている。わずかに、自衛隊ＯＢが政府職員の肩書きをもらって台湾軍関係者と接触している程度である。

日本のマスコミや政治家は盛んに「米国の分断」を槍玉に挙げるが、そんな資格はない。

米国ではたとえば、２０１８年に米台の軍人同士の交流を認め、台湾軍幹部が米国防総省や国務省を公式訪問する手続きを定めた「台湾旅行法」が施行された。中国が成立阻止に向けたキャンペーンを張ったが、これが逆効果となり、上下両院ともに全会一致で法案を通過させている（トランプ大統領が署名して成立）。

その後、米台合同軍事演習を奨励し、予算を付けるなどさらに踏み込んだ法案が「台湾抵抗力強化法」の名で議会を通過し、バイデン大統領が署名して成立した。

共和党と民主党は、エネルギー問題や社会政策では常に激しくやり合うが、中国と対峙する内容の法案となると、しばしば全会一致で通過させる。与野党とも及び腰の日本とは比にならない。こうした「結束する米国」の姿も、しっかり認識しておかねばならない。日本の国政政党で、中国に毅然と対峙する姿勢を示しているのは日本保守党だけだろう。

同じく「保守」を標榜する参政党は、神谷宗幣代表が、「石破総理の中国との外交の距離感は上手いと感じます。…台湾有事に巻き込まれるのが一番国益にかなわないので、アジア版ＮＡＴＯに中国を入れていくのは良い手です」（２０２４年10月17日付けのＸポスト）と発信するなど、基本的な方向感覚において正体不明である。

中国に奉仕する日本学術会議

日本学術会議も、反軍イデオロギーを掲げつつ、「中共利権」に深く染まった組織の一つである。筆者は2024年12月5日、衆議院議員の立場で、「日本学術会議への税金投入の是非に関する質問主意書」を提出し、政府の認識を質した。まず、学術会議の度重なる反軍声明の経緯をたどった。

日本学術会議は、第二次世界大戦後、日本が連合国軍総司令部（GHQ）の統治下にあった1949年に設置された。当時のGHQの最大の使命は、日本を二度と戦争のできない国にすること、すなわち安全保障面における日本弱体化であった。

このGHQの意向に沿い、日本学術会議は1950年、「戦争を目的とする科学の研究には絶対従わない決意の表明（声明）」を発表した。

さらに日本が独立を達成して久しい1967年、日本学術会議は、「軍事目的のための科学研究を行わない声明」を出した。1950年声明では「敵」は「戦争」だったが、1967年声明では「軍事」全般が敵視されるに至っている。侵略を抑止し、戦争の発生を防ぐには一定の軍事力が必要という国際政治の常識に照らせば、改悪と言える。

さらに２０１７年３月、日本学術会議は「軍事的安全保障研究に関する声明」を出し、「上記二つの声明を継承する」としたうえで、規制対象を「軍事的安全保障研究と見なされる可能性のある研究」にまで広げた。

中国の脅威や北朝鮮の脅威など、まったく目に入らないかのごときである。この非現実的な認識に基づいて、学術会議は、「学問の自由」の侵害に力を入れている。以下、筆者の質問主意書の続きである。

特に防衛装備庁の「安全保障技術研究推進制度」（２０１５年度発足）を否定的にとらえ、「研究成果は、時に科学者の意図を離れて軍事目的に転用され、攻撃的な目的のためにも使用されうる」から、そうした可能性のある場合は受け入れてはならないと大学はじめ研究機関に「慎重」な対応を強く求めている。

これは、侵略を抑止するには「軍事的な手段」も必要と考える研究者の「学問の自由」を否定するものである。さらに、先端的な研究であればあるほど、将来、軍事や民生のどの分野にどう活用されるか、当の研究者にも予想がつかない。

このように「学問の自由」を侵害し、国家安全保障の充実を阻害する声明を掲げる団体に、税金を投入することは正当化されるのか。政府の見解を問う。

この筆者の質問主意書に対し、2024年12月17日、「内閣総理大臣石破茂」名で回答書が届いた。次のような内容である。

日本学術会議の「軍事的安全保障研究に関する声明」については、令和4年4月26日の参議院内閣委員会において、政府参考人が「大学等の各研究機関に軍事的安全保障研究とみなされる可能性のある研究について、その適切性を目的、方法、応用の妥当性の観点から、技術的、倫理的に審査する制度を設けるべきことを求めるものでありまして、…安全保障に資する研究を一律に禁止するという趣旨のものではございません」と答弁しているところであり、また、日本学術会議法第一条第三項において、「日本学術会議に関する経費は、国庫の負担とする」と規定されているところである。

まず前段において、「安全保障に資する研究を一律に禁止するという趣旨」ではないと政府は弁明しているが、一律でなくとも相当程度禁止していれば、それだけで十分「反日的」存在である。

たとえば北海道大学が、2016年度の防衛省の「安全保障技術研究推進制度」に応募し、村井祐一教授の「船舶効率化」研究が採択された。微細な泡で船底を覆って航行の際の抵抗を減らすことで燃費が10％低減される画期的内容だったという。もちろん民間船舶にも応用できる。

ところが、「軍事目的」の研究であり許されないとする学術会議からの圧力が掛かり、3年計画のプロジェクトが途中で「強制終了」させられた（奈良林直・北大名誉教授の証言）。総長以下、北大の執行部が左翼勢力に迎合し、大学の総意として中途辞退を防衛省に申し出るかたちが取られた。そのことで、村井教授らの「学問の自由」が侵され、自衛艦の燃費向上が妨げられ、国民の税負担軽減も妨げられた。

この一事を取っても、日本学術会議が国益に反する団体であることは明らかだろう。

ところが日本政府はこのような団体に、なお税金を投入しようとしている。学術会議の「改革」を議論してきた「政府有識者懇談会」が２０２４年12月に最終答申を出した。

その中で、学術会議を「国の特別機関」から法人に移行させるとしつつ、国の財政支援の継続を明記している。一方で、曲がりなりにも存在した首相の人事拒否権を排し、実態不明の「選考助言委員会」を設けるという。学術会議における人事の独立性を高める一方、税金からの補助は続けるという、改革とはほど遠い「焼け太り」案である。安全保障研究の妨害を公然と掲げている組織の運営に、納税者の負担を求めるとは論外だろう。

日本学術会議は共産党が主導する、典型的な「赤デミズム」団体であり、改革ははっきり不可能である。行政機関の浪費と権限乱用に厳しく斬り込んでいるトランプ政権なら当然、即刻補助金を打ち切るだろう。

また日本学術会議は、日本の研究機関に軍事とのかかわりを禁じながら、中国の「国防7大学」との交流は積極的に進めてきた。「大学」という名が付いているが、軍事研究の最前線に立つ、中国共産党の下部機関である。

中国政府は、「千人計画」（海外ハイレベル人材招致計画）と称して、日本を含む先進国からの先端技術取り込みに力を入れてきた。

第一次トランプ政権は、政府から研究資金（米国民の税金）をもらいながら密かに「千人計画」に参加し、研究成果を中国にも流していたハーバード大学のリーバー教授を逮捕、起訴した。日本もこうした一罰百戒的な法執行に出なければ抑止力は働かないだろう。

この件は大統領がＦＢＩおよび司法省に「中国シフト」を敷かせたことで、迅速な対応が可能となった。日本でも首相が主導して、警察や検察に重点捜査を指示しなければ国益は守れない。

首相官邸や各官庁が審議会や有識者会議を多数設けるなか、米国占領軍が日本の非軍事化のために作った学術会議を、公費で存続させる必要は全くない。行政の無駄排除の観点からも速やかに「民営化」すべきである。

日本の医療制度にただ乗りする中共の富裕層

1972年9月の日中国交正常化以後、多くの日本企業が中国に進出した。日中友好ムードの中、無償で貴重なテクノロジーを提供した例も多かった。当初はさまざまに優遇されても、そのうち中国企業との合弁会社化を迫られ、知的財産の提供を強いられる。

中国から撤退しようとすると、各種の嫌がらせを受けた上、資産を差し押さえられる。利権に与ろうと日中間で暗躍するブローカーも多く、うっかり「口利き」を依頼すると、泥沼にはまり、「身ぐるみ剥がれる」ことにもなりかねない。

日本に居住する中国人も加速度的に増えている。日本の脇の甘さは中国に出ていく場合だけでなく、受け入れる場合にも鮮明である。その一つに「医療利権」がある。今日、病気治療や健康維持のために、自国より医療水準の高い国に渡る「医療ツーリズム」が盛んになっており、日本は格好のターゲットとなっている。世界最大のカモと言ってもよい。

日本には、負担が重くなり過ぎないよう、医療関係機関での支払いが規定額を超えた場合、超過分を補填する「高額療養費制度」がある。中国には、こうした制度はない。当然、日本の医療制度に便乗しようという動機が働く。狙われるのは、日本の勤労者が収めた保険料や税である。

公的補填制度を欠く中国では、本人や家族が重病や重症で長期間入院したり、継続的な通院が必要になったりすると、支払額は青天井となる。富裕層であっても、家族にそうした患者が一人でも出ると破産しかねない。

そこで「日本に行こう」となる。日本では、外国人でも５００万円の資金が用意できれば株式会社を設立し、社長になれる。ほかのいくつかの条件を満たせば1年間の特別滞在ビザを取得できる（経営・管理ビザ）。

２０２５年1月から、ビザの期間が2年に延長された。事業所を構えずに起業準備が可能になるなど、ビザの取得要件も緩和された。公的保険にも加入でき、３カ月日本にいれば、高額療養費制度の恩恵にあずかれる。月々数万円の保険料と十数万円の自己負担で、場合によっては数億円の医療が受けられるわけである。差額は、日本国民が支払う保険料でカバーされる。

こうした緩さに付けこみ、日本の十倍以上の人口を持つ中国から、「高級医療難民」が次々押し寄せれば、日本の医療保険制度は破綻に追い込まれる。人口14億の国だけに、１割が日本に来ただけで1億4000万人。日本の総人口（1億2400万人）を超える。外国人は、日本の公的保険ではなく、民間の保険会社と契約するという原則を確立せねばならない。

ところが、世界の現実を見据えた規制を行うどころか、逆に抜け穴を広げるような政策を日本政府は取ってきた。その先兵とも言えるのが、岩屋毅外相である。2024年12月に訪中した際、10年間有効の「観光マルチビザ」の新設や、団体観光で滞在可能な日数を15日から30日に拡大することなどを約束して帰ってきた。

外務省によれば、観光マルチビザは「超高所得者が対象」とのことである。当然、高額療養費制度の利用などを目当てに来日を考える中国人富裕層が増えるだろう。

与党自民党内でも岩屋外交を批判する声が上がったが、「ガス抜き要員」のパフォーマンスの域を出ない。岩屋外相を辞任に追い込むような気迫はどこにも感じられなかった。

岩屋は、「中国人向けのビザは、経済波及効果が大きい観光の推進に加え、人的交流の促進を通じた相互理解の増進」を生むなどと述べるが、念頭にあるのは、観光業界からの献金など自身や同僚議員の利権だろう。財界や政界には、中国利権にがっちり組み込まれ、国益などどこ吹く風といった人間が多い。まさに日本版「買弁（列強による植民地化に協力し、利益を得た中国商人）」というほかない。

中国人富裕層の多くは、共産党と表裏一体の関係にある。党から得たインフラ整備情報などでインサイダー取引を行い、あぶく銭を山分けするなど、中央や地方の共産党幹部と利権を共有している人々も少なくないと思われる。これら中国人富裕層が日中間を頻繁に往来し、日本に長期間滞在するようになれば、中国共産党による日本植民地化はそれだけ進む。まさに武器なき侵略といった事態が着実に進行中なのである。

中国から政治家に講演料名目の賄賂？

岩屋外相に関しては、中国からの収賄疑惑もある。産経新聞2024年12月2日付けの記事から引いておこう。

米司法省は11月18日、日本でのカジノを含む統合型リゾート施設（IR）事業をめぐって、中国企業「500ドットコム」（現ビット・マイニング）の潘正明・元最高経営責任者（CEO）を海外腐敗行為防止法違反で起訴したと発表した。

潘被告は旧「500」社が日本でIRを開設するため日本の国会議員らに賄賂を配るように指示したという。起訴状で国会議員らの名前は伏せられている。…

東京地検特捜部の捜査に対し、20年1月に旧「500」社側が秋元司被告のほか衆院議員5人に現金を渡したと供述したと複数のメディアが報じていた。

5人は自民党の岩屋毅外相、中村裕之衆院議員、船橋利実参院議員（当時は衆院議員）、宮崎政久衆院議員、日本維新の会の下地幹郎元衆院議員。下地氏は100万円を受け取ったことを認め、維新を除名処分となった。…

岩屋氏に関しては、旧「500」社側の供述で、中村氏に対し、岩屋氏の分を合わせて、計200万円を渡したと報じられていた。岩屋氏は20年1月に地元・大分県別府市で記者会見し、「金銭を受け取った事実は断じてない」と真っ向から否定。

17年8月に中村氏が北海道小樽市で開いた政治資金パーティーに出席し、その謝礼として同年10月に中村氏が代表を務める党支部から、岩屋氏が代表を務める党支部に100万円の寄付を受けたとしていた。

中国企業が講演料名目で多額の「謝礼」を政治家に渡すというのは分かりやすい構図である。「500ドットコム」が中村を通して、講演料名目で100万円を岩屋に渡し、中村が資金の出どころを岩屋に伝えたとすれば、迂回ルートを使った賄賂以外の何物でもない。岩屋外相は国会で野党の追及を受け、「100万円は、疑念を持たれたということに鑑みて、返金した」と答弁している。やましい金でないなら、もちろん返す必要はない。

政治家、財界人以外にも問題人物は多い。日本のテレビ局はよく、中国寄りの発言をする御用学者やコメンテーターを起用する。ウクライナはロシア軍の侵略に対して抵抗せず降伏すべきだと論じるなど、暗に、中国が日本を攻撃した場合、日本人は抵抗すべきではないと示唆するような「論客」もいる。こうしたテレビタレントが、中国絡みの利権と関係していないと考えるのは難しい。

また、スポンサー企業が中国ビジネスを重視していたり、現地の会社や工場が「人質」に取られていたりすると、中国共産党からの嫌がらせを回避するため、「中国に厳しい」発言をする者は出すなとテレビ局に注文を付けるだろう。

もちろん在京中国大使館や領事館は、常に番組内容に目を光らせ、陰に陽にテレビ局やスポンサー企業に圧力を掛けてくる。テレビ離れが進んでいるとはいっても、いまだ影響力は無視できない。「中国利権」まみれの世界となるのは当然だろう。

日韓「慰安婦利権」――朝日新聞の責任

次に日韓関係における「反日利権」について見てみよう。数十年にわたって、国益を損なうかたちでマスコミを賑わせ、左翼活動家が利権としてきたのが慰安婦問題である。日本軍が、少女を含む朝鮮の女性を強制連行し、性奴隷にしたという虚偽の拡散に中心的役割を果たしたのが、日本側では朝日新聞であり福島瑞穂議員（社民党）だった。韓国左翼や北朝鮮、中国、さらには広く国際反日勢力がそれに呼応した。

こうした反日策動に迎合した河野洋平官房長官（当時、自民党）に代表される政治家や虚偽と戦おうとしなかった外務省の責任も大きい。以下まずは、朝日新聞の果たした役割について整理しておこう。

1992年1月11日、朝日新聞が、吉見義明中央大学教授が防衛研究所図書館で、慰安所への「軍関与」を示す資料を発見した、と大きく報じた。

実際には、強制連行を示す資料は一つたりともなかったが、朝日は、見出しや用語説明メモ、社説などを総動員して、あたかも強制連行を裏付ける資料が見つかったかのごとき印象操作を行った。意図的に誤解を生む紙面作りをしたのである。筆者はこれを、朝日の「92年1月強制連行プロパガンダ」と呼んでいる。

この朝日の捏造記事は、日韓のみならず、米国の世論にも大きな影響を与えた。ニューヨーク・タイムズ、ワシントン・ポスト、ロサンゼルス・タイムズという米主要3紙が、すべてその直後から、慰安婦に関するまとまった記事を書き始めている。

ニューヨーク・タイムズが、初めて慰安婦問題を大きく取り上げたのは、朝日の記事の二日後に当たる1992年1月13日であった。「日本、陸軍が朝鮮人を強制的に娼館で働かせたことを認める」というタイトルが付けられている（その後慰安婦問題でたびたび日本批判の記事を書くデービッド・サンガー記者の署名入り）。

ニューヨーク・タイムズは、続いて同年1月27日にも、「10万から20万人の女性が結局、誘引されるか連行された。ほとんどが朝鮮からの子どもかティーンエイジャーだった」とする虚構の記事を載せた。

ワシントン・ポストの最初のまとまった慰安婦記事も、やはり朝日の捏造から5日後に当たる1992年1月16日付けで、「韓国国民の日本への敵意は、ここ数週間、第二次大戦中の日本の残虐行為のうち最も醜悪なものの一つ――『慰安婦』の奴隷化――に関する新たな事実の発覚によって高まった」などといった記述がある。

ロサンゼルス・タイムズがかなりの文量で慰安婦記事を載せたのも、朝日の捏造から4日後の1992年1月15日で、「娼婦としての奉仕を強いられた朝鮮人」といった表現が見られる。その後も、日本の「有罪を立証する軍の記録」が見つかった、などと朝日を援用するかたちで記事が書かれた。

朝日は、朝鮮人女性の強制連行を実行したという虚偽の「犯罪告白」をした「職業的詐話師」吉田清治を、勇気ある証言者として盛んに持ち上げたが、この巨大な詐欺的報道の影響は米紙にも色濃く反映されている。1992年8月8日付けの「日本の元軍人が戦時売春問題を告発」と題するニューヨーク・タイムズの記事がその典型例である。

「泣き叫ぶ幼児を女性の腕から引きはがした上、女性たちをトラックに押し込んだ」「今世紀におけるアジアで最悪の人権蹂躙《じゅうりん》だったろう」といった吉田の言葉を引用しつつ、「吉田氏の回想は、日本が単に娼館を運営しただけでなく、何万という慰安婦を供給し続けるため、誘拐部隊まで組織したことを示す、目下、最も強力な証言である」と全く事実に反する解説を加えている。

拉致問題への悪影響

慰安婦に関する朝日新聞の捏造報道は、拉致問題にも悪影響を与えた。日本の名誉を守るため立ち上がった数少ない政治家の一人に安倍晋三首相がいる。安倍は言うまでもなく、拉致問題の解決にも熱心に取り組んだ。ところが安倍が、北朝鮮による日本人拉致について国際発信するたびにその足を引っ張ったのが「朝日のウソ」だった。

たとえば、ワシントン・ポスト2007年3月24日付けの「安倍晋三のごまかし」と題する社説はこう書いている。

安倍氏にはピョンヤンの不誠実な対応を非難する権利がある。だが奇妙かつ不快なのは、並行して、第二次大戦中の何万人もの女性の拉致、強姦、性奴隷化についての責任認識の取り消しを彼が図っていることである。

実際、（慰安婦問題に関する）歴史記録は、北朝鮮が日本人を誘拐した証拠と同じくらい説得力がある。もし安倍氏が、拉致された日本人の運命を知ることに国際的支持を得たいと思うなら、日本自身の犯罪についても率直に責任を引き受け、そして彼が中傷した被害者に謝罪せねばならない。

ニューヨーク・タイムズも、ほぼ同時期、2007年3月27日付けの記事で、「（慰安婦問題で安倍首相が）国家による強制を否定したことは偽善の非難を呼び起こした。なぜなら安倍は、北朝鮮に拉致されたとされる17人の日本人の問題で主導的役割を果したことで人気を得た経緯があるからである」と、慰安婦問題に事寄せて安倍批判を展開している。

安倍は、拉致はもちろん慰安婦に関しても、何ら事実を曲げた発信をしていない。にもかかわらず、慰安婦強制連行・性奴隷化という、朝日による虚偽の拡散が、拉致問題で国際的協力を得ようとする、安倍を含む関係者の努力を妨害し続けた。朝日の責任は実に巨大である。

一方、韓国において慰安婦に関する虚偽を組織的に拡散した中心人物は、北朝鮮に近い女性活動家、尹美香（ユン・ミヒャン）である。後に最大野党「共に民主党」公認で立候補して当選、国会議員にもなった。日本の左翼勢力とも活発に交流した。

しかしその後、カンパ金の私的流用が明るみに出て、業務上横領で起訴され、有罪となって政治的影響力を失った（2024年11月14日、韓国最高裁が尹の上告を棄却し、懲役1年6カ月、執行猶予3年の判決が確定。その間に党も除名された）。

この辺りの転落の軌跡は、第4章で触れた「黒人の命は大事」運動の元最高幹部、黒人女性パトリッセ・カラーズに似ている。

韓国有志の「慰安婦詐欺清算連帯」

まず悪質な例を挙げたが、韓国にも虚偽と戦った勇気ある人々がいる。そのために、収監を含む相当な迫害に晒された例もある。

２０２３年3月、そうした人々と意見交換し、連携を深めるため、民間ＮＧＯ「歴史認識問題研究会」（西岡力会長）の役員数人で韓国を訪れた。筆者も参加した。

初日はまず、ソウル市中心部で開かれた「慰安婦詐欺清算連帯」の集会を取材した。約90人が集まり、同時刻にすぐ近くで開かれた定例の反日集会（水曜デモ）の3倍規模だった。我々も司会者によって壇上に招かれ、会長の西岡が韓国語で挨拶した。「慰安婦詐欺清算連帯」の集会では最後に次のような声明が読み上げられた。

日韓関係を破綻寸前に追い込んだ慰安婦詐欺をこれ以上許してはならない。日本軍による強制動員は恥ずべきウソ。女性たちは業者の募集に応じ対価を受け取った。ウソによって北朝鮮、中国に奉仕し、韓国の評価を地に落とした詐欺の責任者たちに裁きを。

非常に分かりやすい常識的なメッセージと言える。この日、日本のメディアはどこも取材に来ていなかった。知らないのか、知っていて無視したのか。日頃から、こうした日韓関係正常化を目指すグループと、問題意識を共有するかたちで交わっていれば、連絡が入ったはずだが、そもそうした努力に欠けるのか。

集会後、主催者である韓国保守派有志らと、予約されていた昼食の場に移動した（庶民的なサムゲタン専門店。韓国の汁物はうまい。力が湧く）。ここでも日韓関係の今後をめぐって、有意義な情報交換ができた。

続いてソウル市内の李承晩学堂（保守系シンクタンク）を訪れ、学堂長の李栄薫（イ・ヨンフン）ソウル大名誉教授はじめ、歴史認識の健全化に努める研究者らと自由に意見を戦わせた。ここに集う人々の多くは、「反日侮韓史観」を本格的に批判した画期的な研究書『反日種族主義』（2019年）の執筆者たちである。

筆者からは特に、米国を中心とする英語圏に向けた発信の強化を要望した。戦前戦中の慰安婦やいわゆる徴用工に関する虚偽情報は、韓国の反日勢力や中国共産党によるプロパガンダに加え、日本政府がなすべき反論をなさず、安易な謝罪を繰り返してきたため、米国の各方面で相当定着してしまっている。

米下院の従軍慰安婦問題の対日謝罪要求決議（2007年）は、その悪しき代表例である。筆者も必要に応じて反論してきたが、日本人がいかにファクトを挙げて説明しても、暖簾《のれん》に腕押しどころか「無反省な弁明は聴きたくない」といった反発に遭うことも少なくなかった。

韓国人がファクトを提示し、朝日的な虚偽を論駁《ろんぱく》してこそ、誤認を解く効果が期待できる。韓国側有志には、『反日種族主義』のような優れた研究書の英語版を出版すると同時に、米国の議会公聴会などの場でも証言して欲しいところである。

日米韓いずれにおいても、歴史認識をめぐる闘いは、時々の政治テーマも絡んで、いつ激しいかたちで再燃してもおかしくない。左翼は自国の歴史や伝統を無視ないし否定するのが特徴だけに、容易に国際的に連携できる。

愛国心に立つ保守派の場合は、そう簡単にはいかない面があるが、互いに信頼感を醸成していけば、国境を越えた連携は十分可能である。

李栄薫教授から「真実中心の韓日友好派」の多くは、国内左翼からの訴訟攻勢に晒され、人によっては投獄までされる逆風の中で戦ってきた。その点、日本よりも環境は苛烈だった。日本では一時期、「嫌韓ブーム」なども起こったが、いまや勇気ある韓国人を「信用する力」が必要な状況だと言えよう。

「強制連行の嘘」を韓国裁で立証した柳教授

2023年の訪韓では、授業中に行った慰安婦に関する発言で不当な攻撃を受けてきた柳錫春（ユ・ソクチュン）教授（発展社会学。2020年に延世大学を定年退職。「慰安婦詐欺清算連帯」の集会でも見かけ、挨拶を交わした）ともじっくり懇談した。大変興味深い内容であり、以下に整理しておきたい。

柳教授は、裁判沙汰になった問題の2019年9月17日の講義で、ファクトに基づいて次の4点を強調したという。

（1）日本が朝鮮のコメを強奪したというのは嘘。商取引だった。

（2）日本が朝鮮人の土地を強奪したというのも嘘。

（3）英国のインド支配やフランスのカンボジア支配などと違い、日本の韓国支配では、結構な投資が行われた。これは国際的に珍しいケースである。

（4）慰安婦は稼ぎに行った人々。いまも同様の商売はある。スカウトの民間業者が、待遇についてホラを吹いたことはある。しかし日本軍による連行はない。

当日講義に出席した学生約50人のうち30人が女学生だったという。学生からの質問は慰安婦問題に集中した。柳教授はおおむね次のように答えたという。

元慰安婦の発言を当初の段階からチェックしてみよ、水曜デモ（先述の定例左翼集会）で活動家らに煽られて洗脳され、話が変わってきたのが分かる。

現代社会にも存在する売春をめぐる諸現象が昔はなかったと考える方がおかしい。貧しさ、稼ぎの誘惑、業者の甘言などの現象はいまも昔もある。

質問に答える過程で、「知りたいと思うなら、皆さんやってみなさい」と発言したのを後々、2人の女学生が「売春をやってみなさい」と言われたと大いに問題にした。自分は「調べてみなさい」の意味で言ったに過ぎず、何ら侮辱的言辞を弄していない、が教授の抗弁である。

授業中に抗議らしい動きはなく、滞りなく進んで、終わったという。ところがやり取りを録音していた学生がいて、それが拡散され、授業後に抗議活動が起こった。

その結果、大学当局によって、停職1カ月の学内処分を科された。柳教授の講義は、学期途中で打ち切りとされた。個人的に同情してくれる人はいたが、公の場で、処分はおかしいと立ち上がってくれる同僚教員はいなかった。社会学の授業を30年間担当し、若手教員たちは柳教授の弟子筋だったが、誰も声を上げなかったという。

この学内処分だけでも不当だが、その後、元慰安婦を支援する韓国挺身《ていしん》隊問題対策協議会（挺対協、現・日本軍性奴隷制問題解決のための正義記憶連帯）などが柳教授を刑事告発し、検察が2020年11月、柳教授を在宅起訴する事態となった。検察は以下の三つの発言が名誉毀損罪に当たるとした（以下は、西岡力の整理による）。

①「元日本軍慰安婦のおばあさんたちは、売春に従事するため自発的に慰安婦になった」という趣旨の虚偽事実の発言。

②「挺対協が元慰安婦のおばあさんたちを教育し、日本軍に強制動員されたと証言させた」という趣旨の虚偽事実の発言。

③「挺対協の役員たちは（親北朝鮮の）統合進歩党の幹部であり、挺対協は北朝鮮と連携していて、北朝鮮に追従している」という趣旨の虚偽事実の発言。

裁判の過程でも柳教授は、「慰安婦が強制連行されたという歴史的事実はない」との主張を曲げなかった。

2024年1月、ソウル地裁は、①については「講義中の個人的見解であり、学問の自由として保護されねばならない範疇《はんちゅう》にある」として無罪、②については罰金200万ウォンの有罪、③については無罪と判示した。柳教授側、検察側の双方が控訴したが、2024年10月、ソウル高裁は両者の訴えともに棄却した。

2025年2月13日、韓国最高裁判所が検察の上告を棄却、一審判決を確定させた。柳教授は、「5年半という時間がかかったが、慰安婦の強制連行という一般の理解が誤っていることが立証された」と喜びを語っている。ほかならぬ韓国における、この判決確定は大きい。柳教授の粘り強い戦いは、日韓の歴史認識正常化に大きな貢献をしたと言える。

元慰安婦「証言」の矛盾を突いた金柄憲

先にソウルでの集会の模様に触れた「慰安婦詐欺清算連帯」の中心人物、金柄憲（キム・ビョンホン）もやはり虚偽の歴史と戦い続けた人である。韓国の市民団体「慰安婦法廃止国民行動」代表の肩書を持つ金柄憲は、事実に即して、米下院は従軍慰安婦問題の対日謝罪要求決議（２００７年、先述）を修正すべきだと主張する。

「日本軍に強制連行された慰安婦」の代表として度々メディアに登場し、米議会でも証言した李容洙（イ・ヨンス）について金柄憲は次のように言う（産経新聞２０２５年１月29日付けの同氏寄稿より）。

（李容洙氏は）米下院外交委員会の日本軍慰安婦の聴聞会場で「日本の軍人に背中に何かを突き刺され、そのまま連れて行かれた」と証言し、慰安婦問題に関する対日非難決議案採択に決定的な役割を果たした。慰安婦問題のグローバル化に火をつけた、この証言は「嘘」だった。李容洙氏は日本軍に連れて行かれたこともなく、日本軍慰安所で働いたこともない。台湾新竹にある一般売春業で働いた「売春女性」に過ぎなかった。

金柄憲はさらに、元慰安婦・李容洙の過去の発言を掘り起こし、日本軍による強制連行の被害者などではなかったことを立証している。

李容洙氏は1992年8月15日、韓国のKBS放送で「16歳だったが、十分に着るものもなく食べることもできずにいたが、ある人がワンピース一着と靴一足をくれて『行こう』と言われ、『はい』と言ってついて行った」と証言している。

挺対協が1993年に発刊した証言集にも「私たちを連れて行った男が慰安所の主人だった。彼を『オヤジ』と呼んだ」と記載される。連れて行った人は日本軍ではなく、慰安所の主人すなわち抱え主だったと明らかにしたのだ。

日本政府を相手に提起した慰安婦被害者損害賠償請求訴訟控訴審判決文（2023年11月23日判決）でも、「原告の李容洙氏は1944年頃、日本人について行けば良い服も与えられ、お金を稼ぐことができるという言葉にだまされ、革靴とワンピースを見せて誘引した日本人について行き、台湾新竹にある慰安所に行くことになった」とある。

日本軍に強制的に連れて行かれたという米下院での証言は「嘘」だったことが明らかになった。李容洙氏は日本軍による被害者ではなく、多くの売春婦の一人に過ぎなかった。

続いて金柄憲は、慰安婦一般について、丹念な調査をもとに次のように述べ、日米韓関係のあるべき将来に説き及んでいる。

慰安婦に関する嘘は李容洙氏に限らない。韓国女性家族部に登録された240人の慰安婦被害者のうち、日本軍に強制的に動員された被害者は1人もいない。慰安婦は性的サービスを提供して金を稼いだ職業人で、日本軍に強制的に連れて行かれる理由もなく、そのような事例も存在しない。

慰安婦問題は、日本で始まった後、韓国で拡大・再生産され、韓国国民をだまし、全世界をだました国際詐欺劇だ。嘘が貫かれた「慰安婦」問題は、30年以上にわたり、韓日関係だけでなく、韓米日協力関係の障害となってきた。

第二次トランプ政権の発足に際して、堅固な韓米日協力関係のためには、偽りから正さなければならない。そのためには2007年の米下院での慰安婦決議から見直し、韓米日3カ国が慰安婦問題に関する「真実」を共有することが急務だ。

その通りである。先にも述べたが、韓国の有志たちには、ぜひ米国をはじめとする英語圏に向けた発信を強化してもらいたい。

巨大な危うさを秘めた「中国人慰安婦」問題

韓国における慰安婦虚偽の拡散と、それを利権に結びつけようとする運動は、以前に比べれば、かなり勢力を失った。しかし、それでは都合が悪いのが国際反日勢力、とりわけ中国共産党である。いくつか不穏な動きが出てきている。

2024年4月、日中戦争中に旧日本軍から性暴力を受けたとする中国人元慰安婦18人の遺族が、日本政府に謝罪と1人当たり200万人民元、日本円でおよそ4200万円の損害賠償を求めて中国山西省の裁判所に訴状を提出した。

中国人女性や遺族らが、1990年代以降、同様の訴えを日本で起こしたケースでは、いずれも原告敗訴(日本政府の勝訴)が確定している。中国メディア(すなわち中国共産党宣伝部)によれば、こうした訴えが中国で起こされるのは初めてだった。

続いて同年8月には、中国湖南省で元慰安婦と称する8人が、日本政府に対して謝罪と、やはり1人200万人民元の賠償を求めて同地の裁判所に提訴した。

これらの動きに鑑みれば、中国共産党がいつ「慰安婦賠償カード」を全面発動してきてもおかしくない。日本側はしっかり状況を認識し、ファクトを固め、理論武装しておく必要があろう。

中国政府の反日歴史戦には、基本的に4つの狙いがある。

（1）日本に対中贖罪史観を浸透させ、精神的な武装解除を図る。

（2）「反省しない日本」に対する敵愾《てきがい》心を中国国民の間にかき立て、共産党のもとで団結する必要を強調する。

（3）自由、民主、法の支配、人権のいずれに対しても背を向ける中国の「現在」に焦点が当たらぬよう、「過去」に注意を逸らす。

（4）第二次大戦期の記憶を喚起することで日米分断を図る。

こうした戦略のもとで、慰安婦問題「研究」と対外発信の中心になってきたのが上海師範大学教授の蘇智良である。蘇らが、オックスフォード出版会から出した英語版の『中国人慰安婦』（*Chinese Comfort Women*、２０１４年）は、国際的に、この問題の基本書の扱いを受けている。

同書は、40万人に及ぶ中国人女性が日本軍に強制連行され、集団レイプされ、大部分が殺害されたと途方もない主張を展開するが、無理に話の筋を通そうとした結果、中国にとって巨大なブーメランとなっている部分もある。

中国でも韓国同様、戦後長らく、「慰安婦」は社会的関心を呼ぶ事象ではなかった。ごく普通の売春と見られ、忘れられた状態にあった。ところが1992年以降、朝日新聞の「強制連行キャンペーン」を受けて、中国においても、「いつか使える」国際的な政治カードと意識されるようになった。

しかし、深刻な「戦争犯罪」と位置付け、外交カードとして使うには、なぜ国内で長く問題とされてこなかったのかを、合理的に説明せねばならない。蘇智良らの『中国人慰安婦』は次のような論理を展開している。

家父長イデオロギーが浸透した中国社会では、女性の純潔は命より重い。生き残った慰安婦たちは共産党政権のもと、非道徳な「反革命」的存在であると同時に敵に奉仕した裏切り者とも見なされた。その結果、酷寒の北方における強制労働に送られるなど、ことさら辱められ迫害された。迫害に耐えかねて自殺した者もいる。日本軍の性犯罪で最も多くの犠牲を出した国でありながら、慰安婦の問題化が遅れたのはこうした理由による。

以上が、中国の「慰安婦研究の第一人者」の解説だが、仮にその通りとすれば、戦争の時代を生き抜いた慰安婦たちを、戦後になって迫害し、死に追いやったのは、中国共産党だったことになる。中国人慰安婦に関して指弾されるべき存在があるとすれば、日本ではなく中共である。ここは日本外交が、歴史戦の重要ポイントとして、しっかり意識しておかねばならない。

慰安婦問題は利権が錯綜する世界でもある。日本では、村山富市「自社さ連立」政権時代の1995年7月に、各国の元慰安婦に償い金を配る「アジア女性基金」が設立された。国民からの募金で運営する建前だったが、国家予算からの「補助金」もつぎ込まれた。要するに税金投入である。ここから基金の職員の給与や関係する弁護士の報酬も出た。

アジア女性基金の償い金を受け取った慰安婦もいたが、韓国の反日「支援組織」挺対協は、慰安婦問題の終息は自らの利権の終息も意味するため、受け取りに反対する運動を展開した。挺対協は、慰安婦問題を煽ることで独自に巨額のカンパを集め、一部は北朝鮮に流れたと言われる。

挺対協の代表、尹美香がカンパ金を私的に流用し、業務上横領で有罪となったのは先に述べたとおりである。慰安婦裁判を担当した弁護士たちも、カンパ金を原資に多額の報酬を得た。国際的に「大きなカネ」が動いた慰安婦利権は、朝日新聞の虚偽報道を端緒とした実に壮大な詐欺であった。

おわりに　「常識への回帰」次代に向けて

本書は、衆議院議員としての仕事と並行して書き進めた。

もちろん国会活動が最優先である。２０２４年秋の総選挙で当選したばかりの新人議員のため、議会生活の「リズム」についての経験値がない。果たして予定通り書き上げられるのか、何度も不安が頭をよぎった。

筆者は数十年来、米国政治の研究に力を入れてきたが、１冊の本を書くとなれば、新たに調べねばならないことが山ほど出てくる。しかも執筆中に、バイデンからトランプへの政権交代があり、新政権が、猛スピードで「ディープステート」（闇の国家）解体に向けて走り出した。本書のテーマに直結する事態である。様々な情報源から発せられる日々の動きを追うだけで、あっという間に半日、一日と経ってしまう。

いま､我々が歴史的な転換局面に立ち会っていることは間違いない。米国発のそれは､｢常識への回帰」でもあり、基本的に歓迎すべきことだと筆者は考えている。その意味では、本書をまとめるのは、知的感興に満ちた楽しい作業だった。

議員生活との両立はなかなかに大変だったが、国会での様々な体験がなければ、見えてこなかっただろう「政治の機微」も、各章の随所に盛り込めたと思う。

筆者は昨秋、日本保守党を立ち上げた百田尚樹、有本香両氏から、「衆議院近畿ブロックから立ってくれ」と要請されるまで、自分が選挙に出るなど夢にも考えたことがなかった。国会議員生活を思い描いたことも一度もなかった。

2023年3月末で、長年勤めた福井県立大学を定年退職し、名誉教授（実態としては家事手伝い、と言うより家事すらしていないので居候）となった時点で、年金を受け取りつつマイペースで研究を続け、拉致問題解決などに力を尽くす余生を脳裏に描いていた。

総選挙への出馬要請にイエスと答えたのは、保守党の政策理念を一貫して支持し、百田、有本両氏の粉骨砕身ぶりに感銘を受け、それなりにエールを送っていた身として、「逃げるわけにはいかない」と思ったからで、それ以上に深い考えや「勝利への計算」があったわけではない。しかし、もし当選したら、「戦う保守派」として、短期決戦の気構えで、重要テーマの数々に臨むつもりだった。

以後は、それまでの数倍は多忙な状態が続いている。出馬要請を受ける直前に、毎日2時間ぐらいはプロの対局を見ようと思って、将棋専門チャンネルと契約していたが、結局、その後1秒も見ていない。それだけは残念と言えば残念だ。

筆者が当選できた、と言うより日本保守党が近畿ブロックで1議席獲得できたのは、ボランティア諸兄姉の献身的な努力のおかげである。期待に応え、期待以上の仕事をせねばならないと日々痛感する。改めて敬意と謝意を表したい。

本書を企画段階から完成まで、粘り強く支えてくれたのは扶桑社の安堂陽介氏、編集を担当した岡田光雄氏、大根田康介氏である。締め切りを数回延ばしてもらうなど相当苦労を掛けたが、それに見合う内容になったと自負している。記して謝意を表したい。

参考文献一覧

島田洋一『アメリカ・北朝鮮抗争史』（文藝春秋、２００３年）
島田洋一『３年後に世界が中国を破滅させる 日本も親中国家として滅ぶのか』（ビジネス社、２０２０年）
島田洋一『アメリカ解体 自衛隊が単独で尖閣防衛をする日』（ビジネス社、２０２１年）
島田洋一『腹黒い世界の常識』（飛鳥新社、２０２３年）
島田洋一、飯山陽『日本の国際報道はウソだらけ』（かや書房、２０２４年）
島田洋一『ブレーンたちが明かしたトランプで世界はこう変わる！』（ワック、２０２４年）
島田洋一『許されざる者たち』（飛鳥新社、２０２４年）
島田洋一、古森義久『「トランプ復活」で世界は激変する 日本にとって幸運なのか、不運なのか』（かや書房、２０２５年）

※右記のほかに、『Ｗｉｌｌ』『正論』『Ｈａｎａｄａ』などにおける筆者の寄稿記事を参照。
本文中のデータの多くは国内外の各省庁、国際機関の公開内容から抜粋。
公知の事実関係については、各通信社や新聞社、メディアを参照。

島田洋一（しまだ よういち）
1957年大阪府生まれ。京都大学大学院法学研究科政治学専攻博士課程修了後、京大法学部助手、文部省教科書調査官を経て、2003年、福井県立大学教授。23年より名誉教授。24年10月の衆議院総選挙において日本保守党から出馬、近畿ブロック比例代表で当選。同党政調会長、拉致問題対策本部長を務める。『腹黒い世界の常識』(飛鳥新社)、『ブレーンたちが明かした トランプで世界はこう変わる！』（ワック）、『許されざる者たち』（飛鳥新社）などベストセラー著書多数。Xフォロワー数は20万人を超える。
YouTube「島田名誉教授チャンネル」@P.ShimadaCH
X　@ProfShimada

扶桑社新書 528

世界は利権で動いている

発行日 2025年4月1日　初版第1刷発行
2025年5月30日　第3刷発行

著　者………島田洋一
発行者………秋尾弘史
発行所………株式会社 扶桑社
〒105-8070
東京都港区海岸1-2-20 汐留ビルディング
電話 03-5843-8842（編集）
03-5843-8143（メールセンター）
www.fusosha.co.jp

DTP制作………小田光美
印刷・製本………株式会社 広済堂ネクスト

Printed in Japan　ISBN 978-4-594-09855-1